新时代党员干部学习丛书

走好新时代四下基层之路

本书编写组◎编

新华出版社

图书在版编目（CIP）数据

走好新时代“四下基层”之路/《走好新时代“四下基层”之路》编写组编.
--北京：新华出版社，2024.1
ISBN 978-7-5166-7265-5

I.①走.. Ⅱ.①走... Ⅲ.①中国共产党—群众路线—学习参考资料 IV.①D252

中国国家版本馆CIP数据核字（2023）第252401号

走好新时代“四下基层”之路

编　　者：《走好新时代“四下基层”之路》编写组

责任编辑：蒋小云　张　程
封面设计：李尘工作室

出版发行：新华出版社
地　　址：北京市石景山区京原路 8 号　　**邮　　编：**100040
网　　址：http://www.xinhuapub.com
经　　销：新华书店、新华出版社天猫旗舰店、京东旗舰店及各大网店
购书热线：010-63077122　　**中国新闻书店购书热线：**010-63072012

照　　排：李尘工作室
印　　刷：三河市君旺印务有限公司

成品尺寸：170mm×240mm
印　　张：15　　**字　　数：**183千字
版　　次：2024年3月第1版　　**印　　次：**2024年3月第1次印刷

书　　号：ISBN 978-7-5166-7265-5
定　　价：48.00元

前言

"四下基层"是习近平总书记大力倡导并身体力行的工作方法和工作制度，即宣传党的路线、方针、政策下基层，调查研究下基层，信访接待下基层，现场办公下基层。

1988年12月，习近平同志在福建霞浦主持首次"地县领导接待群众来访日"活动，要求"约访制度和下基层开展信访接待日活动的制度要坚持下去"。1989年1月，为进一步密切干群关系、推动各项工作部署得到有效落实，习近平同志提出"宁德地区今年要开展三项活动：一是地县领导到基层去现场办公；二是各级领导建立群众接待日制度；三是领导干部同基层单位挂钩联系"。后来，习近平同志将这些做法完整阐述为"宣传党的路线、方针、政策下基层，调查研究下基层，信访接待下基层，现场办公下基层"。1990年5月，习近平同志在给宁德地直机关领导干部的临别赠言中指出，"四下基层"工作得到了人民群众的欢迎和称赞，要继续坚持下去，并注意在实践中不断完善，还要不断探索密切联系群众的新途径、新方法。多年来，"四下基层"得到长期坚持并不断发扬光大，不仅是福建广大领导干部坚持的一项做法，更扩散到全国各地，成为一项行之有效的举措。

"四下基层"是一套有效破解难题、推动发展的系统方法，是我们推动基层治理、提升治理能力的经验总结。“四下基层”的实质是向群众学习、求真务实，核心方法是俯下身去发现问题、解决问题；坚持人民至上、为民造福，坚持重心下移、着力一线，坚持以研促谋、推动发展，坚持固本强基、锤炼干部。

走好新时代“四下基层”之路，就是要带着感情、带着责任，更要带着任务、带着措施办法到基层去，做到发现问题在一线，化解矛盾在一线，工作落实在一线，解决好改革发展中的实际问题，解决好群众最直接、最急需的现实问题；就是要为群众办实事、解难题，讲究实效，能办的马上就办，一下子解决不了的要认真研究，办不了的要做好解释工作，做到件件有回音，桩桩有着落；就是要着力突出立足实践一线的问题导向和目标导向，深入开展调查研究，敢于正视问题、善于发现问题，强化前瞻性思考、全局性谋划，为推动高质量发展提供科学准确的实践依据。我们要从“四下基层”中悉心体悟坚持实事求是思想路线、增进人民福祉根本目标、深入调查研究科学方法、直面矛盾问题鲜明品格，不断增强工作的原则性、系统性、预见性和创造性，继续提升治理能力和治理体系的现代化建设。

“四下基层”不仅是一项工作方法和制度，更是我们应该传承并发扬光大的工作作风和优良传统。习近平同志在宁德工作时，针对宁德经济发展落后、一些党员干部存在“等靠要”思想等实际，抓住“关键少数”，通过“四下基层”将问题落实、将工作做细，带动党风政风有效转变。走好新时代“四下基层”之路，就是要带动广大党员干部走出文山会海，俯下身子到基层一线办实事。深入实际、深入基层、深入群众，才能更好地做到在思想上尊重群众，感情上贴近群众，工作上依靠群众，发展上为了群众；就是要以求真务实、真抓实干的作风，调查研究要“实”，为群众办事要“实”，找准问题，提实对策，推动工作作风的根本转变；就是要迎难而上，攻坚克难，到困难较多、情况复杂、矛盾尖锐的地方去研究解决问题。新时代走好“四下基层”之路，是我们党坚持马克思主义群众观点，饱含人民情怀、站稳人民立场的重要实践，彰显着历久弥新的时代价值和实践意义。

我们正处于全面深化改革开放，坚定不移推进中国式现代化的奋斗期。

第二批学习贯彻习近平新时代中国特色社会主义思想主题教育正在扎实开展，“四下基层”是重要抓手。走好新时代“四下基层”之路，传承弘扬“四下基层”优良作风，是我们党坚持马克思主义群众观点，饱含人民情怀、站稳人民立场的重要实践，彰显着历久弥新的时代价值和实践意义。我们要高标准高质量开展好主题教育，不断学习贯彻习近平新时代中国特色社会主义思想，更加坚定自觉地牢记好传统，发扬好作风，在新征程上交出无愧于时代的答卷。

目·录 contents

第一章

“把心贴近人民”：

“四下基层”走稳群众路线

扫一扫，观看

《践行“四下基层”书写“为民答卷”》

坚持“四下基层” 走好群众路线

“四下基层”即领导干部“宣传党的路线、方针、政策下基层，调查研究下基层，信访接待下基层，现场办公下基层”，是习近平总书记在福建宁德工作时大力倡导并身体力行形成的工作方法和工作制度。多年来，“四下基层”得到长期坚持并不断发扬光大，已成为福建广大领导干部的自觉行动。

当前，第二批学习贯彻习近平新时代中国特色社会主义思想主题教育正在扎实开展，“四下基层”是重要抓手。福建省委召开全省深化运用“四下基层”、走好新时代党的群众路线推进会，推动全省各级党组织和广大党员干部深刻把握“四下基层”的丰富内涵、时代价值和实践要求。同时，组织专题调研组，循着习近平总书记当年的足迹，赴宁德古田、周宁、霞浦、福安和福州等地进行实地调研，与亲历见证“四下基层”的党员、群众面对面交谈，与基层一线的同志深入交流，系统总结“四下基层”的经验启示，深刻感悟大党大国领袖的崇高风范、思想伟力、政治智慧、人民情怀，更加自觉坚定拥护“两个确立”、坚决做到“两个维护”。

一、“四下基层”是密切联系群众的重大创举

20世纪80年代，宁德下辖的9个县中有6个是贫困县，条件十分艰苦，被称为东南沿海“黄金断裂带”。面对闽东地区贫困落后面貌，面对群众脱贫致富的强烈期盼，时任宁德地委书记的习近平同志深入开展调查研究，深入

思考如何加快发展、摆脱贫困，指出“贫困地区的发展靠什么？千条万条，最根本的只有两条：一是党的领导；二是人民群众的力量”。习近平同志从信访工作入手，倡导建立领导下访、约访群众制度，强调各级干部苦练密切联系群众基本功。1988 年 12 月，习近平同志在霞浦主持首次“地县领导接待群众来访日”活动，要求“约访制度和下基层开展信访接待日活动的制度要坚持下去”。1989 年 1 月，为进一步密切干群关系、推动各项工作部署得到有效落实，习近平同志提出“宁德地区今年要开展三项活动：一是地县领导到基层去现场办公；二是各级领导建立群众接待日制度；三是领导干部同基层单位挂钩联系”。后来，习近平同志将这些做法完整阐述为“宣传党的路线、方针、政策下基层，调查研究下基层，信访接待下基层，现场办公下基层”。1990 年 5 月，习近平同志在给宁德地直机关领导干部的临别赠言中指出，“四下基层”工作得到了人民群众的欢迎和称赞，要继续坚持下去，并注意在实践中不断完善，还要不断探索密切联系群众的新途径、新方法。

图为位于福建省龙岩市长汀县的汀江国家湿地公园三洲镇曾坊村河段。长汀曾是中国南方红壤区水土流失最严重的县之一。习近平总书记在福建工作期间，先后 5 次赴长汀调研，持续推动水土流失治理。一任接着一任干，如今，长汀水土流失治理成为全球生态修复典型。

福建日报社供图

“四下基层”提出后，习近平同志率先垂范，与宁德地委领导轮流带领地直有关部门负责人，定期到各县接待群众来访，深入基层调查研究、现场办公和宣传政策，为群众办实事、办好事。在担任福州市委书记时，习近平同志进一步提出开展进万家门、知万家情、解万家忧、办万家事“四个万家”活动，要求改进干部作风，落实“马上就办、真抓实干”。到省委、省政府工作后，习近平同志总结实践经验，在全国率先提出加强机关效能建设，亲自担任省机关效能建设领导小组组长，推动全省改进工作作风、增强服务意识、提高发展效能。

党的十八大以来，习近平总书记始终保持亲民为民爱民的崇高风范，把老百姓的事当作最大的事。总书记以身作则、躬身力行，一以贯之深入基层调研，推动民生问题解决，为广大党员干部树立了光辉榜样。

福建历届省委、省政府大力传承弘扬“四下基层”优良作风，推动“四下基层”内涵不断深化、载体不断丰富、制度日益完善，成为广大干部群众在八闽大地接续奋斗的强大力量。作为“四下基层”发源地，宁德已从当年的“老少边岛贫”地区，发展成为如今全省新的增长极，综合实力跃升至全省第 5 位，跨入全国百强城市行列。从调研情况看，福建践行“四下基层”取得了突出成效。

有效促进党的政策主张落地生根。多年来，省市县三级以落实“四下基层”为抓手，组织开展贯彻落实党中央决策部署集中宣讲，通过面对面讲解，以生动的语言让党的创新理论传遍八闽，把党的正确主张转变为群众的自觉行动。党的十八大以来，福建深入挖掘习近平总书记在福建工作期间提出的重要理念、开创的重大实践，组织党员干部深入一线宣讲党的理论和路线方针政策，着力讲好新时代故事。党的二十大以来，全省开展宣讲 9.6 万场次，受众超过 1100 万人次。这次主题教育，第一批参加单位的领导干部宣讲 2000 多场次，260 多支“福小宣”小分队宣讲 1 万多场次。调研组和基层干部群众交流时，他们对习近平总书记的深厚爱戴之情溢于言表。

有效提高科学决策质量水平。福建牢记习近平总书记在宁德工作时提出的“作出决策之前，先听他个八面来风”重要要求，把调查研究作为领导干部的基本功，出台重大决策征求意见制度，对征求意见的事项、对象、原则、方式和处理等进行具体规定，形成重大决策听取群众意见的常态做法，推动各级领导干部走出机关，下基层问政于民、问需于民、问计于民。如今，“先调研后决策”已经成为福建各级领导干部的普遍共识和工作常态。在第一批主题教育中，省委常委带头领题深入基层调研，示范带动第一批参加单位聚焦各类问题确定调研课题 1029 个，举办调研成果交流会 151 场，推动第一批参加单位检视问题 1215 个、采取整改措施 3599 条。开展“我为福建高质量发展献策”“我为强省惠民建言”线上大调研，截至 2023 年 8 月底，共征集意见建议 2.2 万多条，省政府组织专班对其中有建设性的意见建议进行吸收办理，转化成 76 项具体措施。

有效畅通民意诉求通道。把“四下基层”纳入社会治理体系，坚持省市县三级领导定期接访。2012 年以来，全省领导干部参加每月 15 日的领导干部接访活动累计 27.5 万人次，接待群众 14.5 万批次、35.7 万人次。一位受访的霞浦县干部谈到，自从领导干部下基层接访制度建立后，霞浦县信访量逐年下降，由曾经的“信访大县”变为全国信访工作先进县。经过多年努力，福建基层社会治理创新深入推进，全省信访工作实现根本性转变，省市县乡村五级全部建成“信访评理室”，20 余万名“评理员”活跃在基层一线，平安（综治）建设考评稳居全国前列。

有效推动干部作风转变。以“四下基层”优良作风引领带动广大党员干部走出“文山会海”，俯下身子到基层一线办实事。省级领导干部每半年至少 1 次，市级领导干部每季度至少 1 次到基层现场办公。一名福州基层干部介绍，新冠疫情期间，全市普遍推行党员干部“双报到”制度，党员干部下沉社区参与疫情防控工作，拉近了与群众的距离，共同打好疫情防控的人民战争。近年来，福建涌现出廖俊波、孙丽美、潘东升等一批先进典型。调研组深切感受到，全省党员干部精神饱满，爱拼会赢、干事创业的劲头高涨，“马上就办、真抓实干”蔚然成风。

有效增进民生福祉。深入开展“我为群众办实事”“我为企业解难题”等活动，省委、省政府连续 33 年每年实施一批为民办实事项目，2012 年以来民生支出占一般公共预算支出比重年均保持在 70% 以上，一批民生领域突出问题得到有效解决，群众获得感、幸福感、安全感更加充实。矢志不渝摆脱贫困，2019 年底全省现行标准下农村建档立卡贫困人口全部脱贫，2201 个建档立卡贫困村全部退出，23 个省级扶贫开发工作重点县全部摘帽，脱贫地区铺展开山乡巨变、山河锦绣的时代画卷。福安市下岐村一位村民动情地说：“以前连家船民‘上无片瓦、下无寸土’，一家七口常年‘水上漂’，一年收入几千块钱。现在住着黄墙红顶新楼房，收入增长了十几倍甚至几十倍。我们由衷感恩习近平总书记！”

二、“四下基层”的长期实践

多年来，福建省委、省政府一任接着一任干，坚持通过“四下基层”察实情、找问题、谋良策、促发展，进一步密切联系群众、畅通民意诉求通道、更好服务基层群众。在第一批主题教育中，省委常委会专门赴“四下基层”发源地宁德举办读书班、开展集中研讨，在寻根溯源中深切感受人民领袖的伟大思想、伟大情怀。

坚持人民至上、为民造福。习近平总书记在福建工作期间强调，要牢记政府前面的“人民”两个字。福建把“四下基层”作为倾听民声、汇聚民意、化解民忧的重要途径，推行省、市级领导干部每人结对帮扶 1 个村（社区）、挂钩 1 个企业（项目）、帮扶 1 户以上贫困户，在谋民生之利、解民生之忧上出新招、办实事。抓实为民办实事项目，探索“民呼我为”、推进“接诉即办”等机制，对群众反映强烈、长期没有解决的突出问题，采取领导挂钩包案和台账式管理、项目化推进等方式集中整治。鼓励广大人民群众和社会各界以各种方式建言献策，创新服务方式，提高便民服务水平，设立“12345”政务服务便民热线，畅通咨询、投诉、建议和求助渠道，实现有呼必应、有诉必理、有理必果。

坚持重心下移、着力一线。习近平总书记在福建工作期间指出，“我们一切工作，基层最重要”；“基层是第一线，也是前线，也是火线”。福建紧紧牵住基层这个“牛鼻子”，推动各级领导干部深入基层、各项政策导入基层、各类资源下沉基层。推行“发现问题在一线，化解矛盾在一线，工作落实在一线”的“一线工作法”，建立健全干部直接联系群众、挂钩联系民营企业制度，促进领导干部帮助基层、群众和企业办实事、解难题，把问题解决在源头，把矛盾消弭在萌芽状态。县处级以上领导班子带头深入基层单位，综合运用座谈访谈、随机走访、问卷调查、蹲点调查、明察暗访等方式，做到情况掌握在基层、问题解决在基层、矛盾排解在基层、工作推动在基层、感情融洽在基层。坚持和完善习近平总书记在福建工作期间推广的“科技特派员”“下派村支书”制度，20 多年来，全省累计选派省市县三级科技特派员 7.9 万人次、选派优秀干部 2 万多名。他们活跃在基层第一线，将资金、人才、技术、信息等资源导入乡村，带领群众增收致富。

习近平总书记在福建宁德工作期间，调查研究下基层的首站前往了古田县，对经济社会发展提出一系列富有前瞻性的指示。近年来，古田县域经济发展步伐不断加快。图为古田县欢乐祥和过大年景象。 宁德市委宣传部供图

坚持以研促谋、推动发展。习近平总书记在福建工作期间坚持先调研后决策，提出要把主要精力放在决策前的调查、分析、论证上，以寻找和选择最佳决策方案。福建把调查研究作为开展工作、出台政策、制定战略的“先

手棋”，贯穿决策链条全过程，推动调查研究制度化、常态化建设向纵深发展，以科学决策、精准施策全方位推进高质量发展。制定《关于进一步加强和改进省委常委会调查研究工作的八条措施》，从省委常委会自身抓起，每年省级领导到基层调研不少于30天，市县领导不少于60天，以便掌握在办公室难以听到、不易看到的第一手情况。抓好调查研究成果的综合运用，及时转化为推动高质量发展、创造高品质生活、实现高水平治理的政策措施。实施新时代民营经济强省战略，在召开专题研究部署会议之前，福建省委组织调研组，到全省各地走访园区和企业，与基层干部、民营企业负责人、商会代表座谈交流，征询专家学者和智库意见建议，并运用线上调研等方式广泛了解情况，形成调研报告和问题清单，推动调研成果转化为政策措施。

坚持固本强基、锤炼干部。习近平总书记在福建工作期间强调，要与民相知心，切实改进领导作风，深入群众，密切党同人民群众的联系，大力倡导“马上就办、真抓实干”。福建坚持把弘扬“四下基层”优良作风作为转变作风、锤炼党性、提高本领的重要抓手。突出领导干部以上率下作用，出台深化激励干部担当作为的20条政策措施，进一步提振干部干事创业精气神。把基层一线作为培养锻炼干部的广阔舞台，深入实施年轻干部与群众“同吃、同住、同劳动、同调研”实践活动，推动党员干部投身基层建功立业。近5年，选派近5500名中青年干部参加驻村、对口支援等挂职锻炼，参与疫情防控、防汛抗灾等急难险重任务，推动领导干部特别是优秀年轻干部下基层常态化、制度化，不断涵养忠诚、干净、担当的优良作风。

坚持建章立制、常态长效。把建章立制作为传承弘扬“四下基层”优良作风制度化、规范化的重要保障，强化“四下基层”各项制度建设。福建先后制定出台《关于推进领导干部“四下基层”工作的意见》《省级领导“四下基层”工作制度》《关于深化领导干部“四下基层”工作 切实走好新时代党的群众路线的意见》，推动形成常态化长效化工作机制。注重接续传承，把大力弘扬“四下基层”优良作风贯穿于推动经济社会发展全过程各方面，创新实践载体，深化教育实践，引导广大党员干部在深化理论学习、深入调查研究中传承好、弘扬好“四下基层”优良作风。

三、“四下基层”的深刻启示

“四下基层”是习近平总书记在福建工作期间坚持党的群众路线的生动写照，是福建各级党组织做好群众工作的“金钥匙”。我们要深入学习贯彻习近平总书记重要讲话重要指示批示精神，切实把握好“四下基层”蕴含的马克思主义立场观点方法，推动深化运用“四下基层”常态长效，在中国式现代化建设新征程上不断取得新成效。

把坚持党的领导作为根本保证，密切党群干群关系，形成推动发展的强大合力。习近平总书记深刻指出，党的领导凝聚建设中国式现代化的磅礴力量。我们党深刻认识到中国式现代化是亿万人民自己的事业，人民是中国式现代化的主体，必须紧紧依靠人民，尊重人民创造精神，汇聚全体人民的智慧和力量，才能推动中国式现代化不断向前发展。“四下基层”架起了干部与群众之间的“连心桥”，凝聚了党团结带领群众干事创业的澎湃力量。新征程上，必须推动党员干部把“四下基层”优良作风内化于心、外化于行，始终坚持和加强党的领导，充分发挥党的群众组织力，把广大基层群众组织起来、动员起来、凝聚起来，充分激发人民群众的积极性、主动性、创造性。

把坚持为民造福作为最大政绩，深入践行以人民为中心的发展思想，切实解决群众急难愁盼问题。“四下基层”坚持以民为本，形成察民情、重民意、集民智、解民忧的系统章法。江山就是人民，人民就是江山。只有牢固树立和践行为民造福的正确政绩观，牢记全心全意为人民服务的根本宗旨，把心贴近群众，才能充分了解老百姓的真实感受、体会老百姓的安危冷暖，进而有的放矢地增进民生福祉，才能创造经得起实践、人民、历史检验的实绩。新征程上，要坚持把人民放在心中最高位置，不务虚功，深入基层、深入群众，在基层一线倾听群众的愿望和呼声，对攸关群众切身利益的大事小情做到事事有回音、件件有着落，让群众真切感受到党和政府的温暖。更好运用法治思维和法治方式维护群众利益，建立定期研究解决基层和群众反映的突出问题的机制，使群众真正得到实惠，切实做到为官一任、造福一方。

图为 2023 年 4 月 3 日，在福建省南平市建阳区革命老区漳墩镇，畲族群众在有 300 多年历史的茶园喊山祭茶。
福建日报社供图

把加强基层治理作为重要着力点，推动力量下沉，提升基层治理效能。习近平总书记强调，基层治理和民生保障事关人民群众切身利益，是促进共同富裕、打造高品质生活的基础性工程，各级党委和政府必须牢牢记在心上、时时抓在手上，确保取得扎扎实实的成效。“四下基层”直面基层实际、把握群众需求，把更多的资源、服务、管理下沉，推动把工作做到老百姓的心坎上，办更多造福群众的实事。新征程上，要突出大抓基层的鲜明导向，把基层作为服务群众的主战场，解决好基层最关心最直接最现实的利益问题，夯实基层基础，健全党组织领导的基层治理体系，推动人力物力、资源要素进一步向基层下沉，真正打通联系服务群众的“最后一公里”。

把党的群众路线作为根本工作路线，增强群众工作本领，尽心竭力为群众服务。群众路线是我们党的生命线和根本工作路线。我们党联系群众、宣传群众、武装群众、团结群众、依靠群众，以自己的模范行动，赢得人民群众真心拥护和支持。“四下基层”有力促进密切联系群众、化解基层矛盾，推动强化党与人民群众的血肉联系。新征程上，面对艰巨繁重的发展任务，必须坚持从群众中来、到群众中去，自觉以群众为镜、拜群众为师，充分尊重人民群众的首创精神，紧扣时代要求创新群众工作方法。既要到工作局面好和先进的地方去总结经验，又要到困难较多、情况复杂、矛盾尖锐的地方去研究问题，特别是要多到群众意见多的地方去，既要听群众的顺耳话，也要听群众的逆耳言，真正把群众面临的问题发现出来，把群众的意见反映上来，把群众创造的经验总结出来。

把坚持问题导向作为重要工作方法，善于抓重点、抓关键，紧抓不放、一抓到底、抓出成效。习近平总书记多次强调，必须坚持问题导向，增强问题意识，敢于正视问题，善于发现问题。坚持问题导向，突出重点，精准施策，才能有效解决基层的重点难点问题。“四下基层”是坚持问题导向、研究解决与群众利益相关的突出矛盾和问题的重要工作方法。新征程上，要把坚持问题导向作为重要的工作方法，瞄着问题去，追着问题走，把化解矛盾、解决问题作为履职尽责的第一要务，打破思维定式和行为惯性，谋划撬动性强的工作抓手，增强政策的组合性、协同性、有效性，抓好基层重点领域、关键环节和突出问题，以钉钉子精神紧抓不放。

把改进工作作风作为重要保障，弘扬新风正气，以优良党风政风带动全社会团结奋进。广大党员干部通过践行“四下基层”，充分展示了为民务实、踏实干事、不谋私利、清正廉洁的良好形象。事实证明，只有把心思用在工作上、用在为人民服务上，才能把工作做到位，才能取信于民。新征程上，要传承弘扬“四下基层”优良作风，推动党员干部既身入基层又心到基层，真抓实干、埋头苦干，以“抓铁有痕、踏石留印”的干劲、“滴水穿石、久久为功”的韧劲推动工作落实。要严格落实中央八项规定及其实施细则精神，以良好党风政风带动形成良好社风民风，为全面建设社会主义现代化国家、以中国式现代化全面推进中华民族伟大复兴凝聚团结奋斗的力量。

（中共福建省委）

“四下基层”：一分钟也不与群众断线

“四下基层”即领导干部“宣传党的路线、方针、政策下基层，调查研究下基层，信访接待下基层，现场办公下基层”。“四下基层”是习近平总书记在福建宁德工作期间密切联系群众的重大创举。35年来，当地干部坚持这一制度化的工作方法，不断解决民生之困，助力乡村振兴，推动产业发展，宁德加速成为福建省内经济增长极。

问题收集在一线，矛盾化解在一线

2023年11月18日下午，霞浦县纪委监委“四下基层”“连心日”在溪南镇七星海上社区七星渔排示范区举行。溪南镇后慕村村民钟永贺送完海货后就近来到接访台。他反映：“道路太窄，小货车过不去，想要拓宽道路，但地又是其他村的，村里协调了几次没能解决，希望镇里帮助协调。”现场工作人员将村民诉求和信息仔细登记造册。

“‘连心日’活动村民反映的难题，有些是我们业务以外的，我们难以处理就会报到县里，县里会商研判，协调相关部门解决。”溪南镇纪委书记兰长招介绍。

七星渔排是福建省内第一个海上社区，单次往返镇里需要约一小时，现在在海上就能收集村民意见并形成反馈。溪南镇党委书记陈广昱说：“群众的需求在哪里，我们的服务就跟进到哪里。”

“连心日”群众到接访台反映问题。　　林善传 / 摄

问题收集在一线，更要将矛盾化解在一线。在福鼎市柏洋村，村民之间发生矛盾，村支部书记、乡村振兴指导员就会将当事双方邀请到调解室“喝茶”。茶气氤氲，双方逐渐心平气和，摆事实，讲道理，矛盾也就容易化解了。

瞄准乡村振兴，及时捕捉基层需求

走进古田县杉洋镇的光伏菇棚项目地块，菇棚上成片太阳能光伏板整齐排列，光伏发电可供应烘干设备和制冷设备，农户可实现“即采即储”“即干即储”。菇棚内空间宽敞，9层高的菇架由钢结构建成，上面摆满菇棒，长势喜人。

“过去菇农反映，在茅草菇棚内种植食用菌，用电安全难以保障，消防隐患大。而且，下雨时水会滴进来，给菇农生产造成不便。”杉洋镇党委书记陈小芳回忆。

2021年，古田县推动产业优化升级，第一批光伏菇棚试点棚建设启动，杉洋镇镇政府、菇农和承建项目的城投公司三方参与项目讨论。每周至少开一次会，菇棚的选址、高度、大小、温度在一次次讨论过程中确定下来。菇农李铭芳回忆道：“当时是 1 至 2 名干部对接一户。农户反馈需要在菇棚上铺隔温被，一说政府就给添了。”

如今，古田县 8 个光伏菇棚基地早已建成，李铭芳也迎来自家第一茬香菇的收获季。李铭芳继续向陈小芳反映：“下一步想发展无菌车间，这样可以把香菇的病菌感染率从 1% 至 5% 降低到千分之一。”

杉洋镇菇农在“光伏 +”菇棚内查看香菇生长情况。 任彦逸 / 摄

在宁德乡村振兴之路上，畅通的对话机制能及时捕捉基层需求，让政企良性互动。

2022 年，福鼎市“龙头企业 + 企业联合体 + 茶农”的模式带动茶农收入持续增长，全市茶产业综合产值已达 138.91 亿元，福鼎白茶已进入品牌化运营的阶段。福鼎市人大常委会主任、茶产业发展领导小组常务副组长蔡梅生介绍，在这种模式下，福鼎市将 17 个乡镇划为 4 个片区，每个月市领导带队到其负责片区，获得一手资料。

一边是领导干部深入茶农，一边是每两月办一次茶企分析会，动态更新近期发展难题。“在上一次双月会上，企业反映，直播平台上有销售冒牌福鼎白茶的商家，监管很困难。”蔡梅生说，“针对此，现在正推进建设公共仓，统一发货渠道。消费者可通过货品来源区分真假。”

专班靠前服务，扫清产业集群发展障碍

宁德素有“九山半水半分田”之称，发展条件并非得天独厚，需要后天下苦功夫。近年来，宁德大力发展锂电新能源、不锈钢新材料、新能源汽车、铜材料四大产业集群，并为产业发展配套成立四大工作专班。

宁德市工信局总工程师雷彪华长期负责服务企业改革与发展、产融合作等工作。他介绍道：“专班采用驻企办公的方式，市委市领导是组长，抽调相关单位业务骨干加入，涉及工信、发改、自然资源、林业等要素保障部门，遇到某一问题时专班就可以直接在部门间协调，并且问题清单滚动更新。”

专班驻企办公，靠前服务。在产业培育阶段，专班为企业扫清用地、用工、政策上的障碍。在产业提升阶段，专班会同龙头企业一起梳理产业链中关键环节、缺失环节，列出招商项目清单。

比如，得知电动船舶制造中存在安全性技术标准等问题，电船专班带着船企主动对接中国船级社，取得其技术指导和支持，提出电动船舶先行先试工作方案等。

在专班支持之下，现在宁德的铜产业可为当地锂电新能源和新能源汽车产业提供原材料，锂电产业为新能源汽车提供动力电池，汽车动力电池经过回收企业又回到锂电生产企业，真正实现产业集群发展，宁德加速迈向“万亿工业时代”。

如今，宁德专班工作还在不断细化，不断发现新的服务着力点。不断完善法务咨询、研发设计、物流团队、金融服务等；推动解决企业员工子女就学，联合上海市第一人民医院开设门诊……一系列生产配套措施、生活配套服务在显现宁德速度的同时，也尽显宁德温度。

（《半月谈》记者　李坤晋）

坚持人民至上 走好群众路线

第二批学习贯彻习近平新时代中国特色社会主义思想主题教育开展以来，各地坚持人民至上、走好群众路线，把学习推广“四下基层”作为重要抓手，调查研究直奔问题去，注重“小切口”，实打实拿出具体对策，推动从解决“一件事”向办好“一类事”延伸，扎实推进主题教育开展。

党的路线、方针、政策“飞入寻常百姓家”

各地采取丰富多样的有效措施，推进宣传党的路线、方针、政策下基层，推动理论学习往深里走、往实里走、往心里走。

辽宁省推动各地区各部门各单位组建党委（党组）宣讲团，深入基层一线开展理论宣讲。在锦州市，当地结合红色资源优势，以“头雁课”为引领，专题课、特色课、云端课为抓手，聚焦基层理论需求，打造“点单式”宣传模式，培训轮训基层党组织书记 1.1 万余人次，领学带学受众达 12 万余人次。

“发展的最终目的是让老百姓过上好日子，这个本我们不能忘。”在湖北省黄冈市红安县七里坪镇观音阁村的“家书长廊”，红安县委书记刘堂军与村“两委”干部、部分党员、群众围坐在一起，通过聊天、拉家常等方式，从不能忘本、感恩奋进和强村富民三个方面，面对面宣讲党的路线、方针、政策。

第二批主题教育开展以来，黄冈市把学习推广“四下基层”作为第二批主题教育的重要抓手，坚持“下”的常态，1081名县处级以上党员干部到基层宣讲3200多次，覆盖全市15771个基层党组织；创新“下”的方式，制作“微党课”“微宣讲”“微视频”130多集，观看人数累计超过500万人次，助力党的创新理论“飞入寻常百姓家”。

摸清社情民意　解决实际问题

县一级处在承上启下的关键环节，是发展经济、保障民生、维护稳定的重要基础。各地依靠调查研究摸准急难问题，持续推进现场办公下基层破难题。

眼下，在宁德市福安市甘棠镇的一家船舶建造公司里，工人正在加紧修造电动船舶。公司总经理吴志峰说：“面对造船业市场下滑、转型乏力的困境，政府部门人员和企业代表坐在一起、想在一起，有针对性地出台推动电动船舶发展若干措施，促进了产业转型。”

第二批主题教育开展以来，福建省各地积极组织党员领导干部深入基层一线、重点项目、民营企业等开展调研。在宁德市，当地大力倡导能在现场就不在会场的“一线工作法”，选派5000多名党员干部深入基层一线，实施15个专项行动，推动经济运行保持良好发展态势。

新疆把办实事、破难题、促发展作为下基层现场办公的重要内容，第二批主题教育开展以来，地（市）县两级研究确定可以为群众办好的民生实事594件。

在博尔塔拉蒙古自治州，阿拉山口市深入调研发现，群众在办理“水电气”过户手续时，需要前往多个部门跑办，周期长、效率低，群众满意度不高。找准问题所在，阿拉山口市加强部门沟通协作现场办公，将不动产登记与“水电气”相关服务过户联动办理，简化申请材料、优化审批程序，不动产“一般登记”也由原来的30个工作日压缩至4个工作日，行政审批效率大幅提升。

用心用情用力回应群众期盼

主题教育的效果，最终要看群众满意度。各地用好“信访接待下基层”及“接诉即办”等制度机制，直面群众、直击矛盾化解信访积案，做细做实“送上门的群众工作”。

第二批主题教育开展以来，山东省加大领导干部包案力度，目前省级领导包信访积案 288 件，化解 287 件；各市县（区）领导干部已参与公开接访 13687 人次，接待群众来访 7455 批 12767 人次，化解信访事项 5997 件。

在山东省淄博市高青县，县镇领导干部“大接访”扎实开展的同时，还集中开展重点约访 12 次、专题下访 3 轮，坚持“问题解决、政策解释、群众解气”工作法，组织开展“治重化积”攻坚行动。淄博市临淄区稷下街道建立“班子成员 + 机关干部 + 村（社区）干部”三级走访调研机制，动员全体干部扑下身子、沉到一线。

在浙江省湖州市，县处级领导干部赴镇街一线接访，推动化解群众信访积案。2023 年 10 月中旬以来，该市德清县有 33 名县处级领导干部下基层接访，134 个小微问题现场答复、就地办结。宁波市余姚市运用数字化手段打造“一码听民意”场景应用，让群众动动手指实现零时差、零距离、零门槛报问题、提建议。目前该应用用户扫码已达 20 余万人次，征集到各类意见建议 1074 条，部门办理率 100%。

第二批主题教育开展以来，浙江省进一步健全完善省市县乡村“五级大接访”工作机制，1.2 万名县处级以上领导干部赴基层开展下访接访，已接待群众 2 万批 4.2 万人次，化解信访积案 5244 件。

（新华社记者　张武岳、张逸飞、侯文坤、董建国、高晗、李平）

民呼我为，
解决群众急难愁盼的具体问题

为民办实事，解决人民群众急难愁盼问题，是学习贯彻习近平新时代中国特色社会主义思想主题教育的重要内容。深入开展主题教育，要深刻领会把握习近平总书记关于践行宗旨为民造福的重要要求，积极探索开展“民呼我为”“接诉即办”等，着力解决民生领域突出问题。

深入开展主题教育，要践行宗旨为民造福，教育引导广大党员、干部牢固树立以人民为中心的发展思想，坚持一切为了人民、一切依靠人民，自觉问计于民、问需于民，始终同人民同呼吸、共命运、心连心，着力解决人民群众急难愁盼问题，把惠民生、暖民心、顺民意的工作做到群众心坎上。各级党组织和广大党员、干部要按照习近平总书记要求，站稳人民立场，强化宗旨意识，坚守初心使命，践行党的群众路线，把人民群众满意不满意作为评判主题教育成效的根本标准，解决好人民群众最关心、最直接、最现实的利益问题，把惠民生的事办实、暖民心的事办细、顺民意的事办好，让现代化建设成果更多更公平惠及全体人民。

办实事、解民忧，要聚焦解决就业、教育、医疗、托育、住房、养老等民生领域突出问题，建立民生项目清单，完善解决民生问题的制度机制；要落实党员领导干部直接联系群众制度，对群众普遍关切的问题及时开题作答、解疑释惑、回应诉求；要广泛开展党员志愿服务，激励党员在服务群众、奉献社会中发挥作用。

主题教育的成效如何，民生突出问题的解决情况是重要标尺。我们必须以最广大人民的根本利益为一切工作的根本出发点和落脚点，把功夫下在解决问题、改进工作上，不做表面文章，不要花拳绣腿。广大党员、干部特别是各级领导干部要扑下身子、沉到一线，深入农村、社区、企业、医院、学校、新经济组织、新社会组织等基层单位，摸准情况、吃透问题，问计于群众、问计于实践，转换角色、走进群众，广泛听取群众意见，了解群众的烦心事、操心事、揪心事，真心帮助群众解决实际困难，扎实推动各项工作部署落地生效，用心用情用力办好民生实事，切实提升群众获得感、幸福感、安全感。

（新华社记者　梁建强）

始终坚持人民至上

“我们要始终坚持人民至上。”习近平主席在十四届全国人大一次会议上的重要讲话，坚持人民主体地位，坚持以人民为中心的发展思想，充分彰显我们党为人民谋幸福、为民族谋复兴的不变初心和使命担当，凝聚起强国建设、民族复兴的磅礴力量。

人民是历史的创造者，是真正的英雄。党的十八大以来，以习近平同志为核心的党中央团结带领亿万人民攻坚克难、顽强拼搏，打赢了一场又一场硬仗，取得了一个又一个彪炳史册的胜利。“用众人之力，则无不胜也”。历史已经并将继续证明，无论遇到任何困难和挑战，只要有人民支持和参与，就没有克服不了的困难，就没有越不过的坎，就没有完成不了的任务。全面建成社会主义现代化强国，人民是决定性力量。在强国建设、民族复兴的新征程上，坚持人民至上、站稳人民立场，维护人民根本利益，增进民生福祉，不断实现发展为了人民、发展依靠人民、发展成果由人民共享，就一定能充分调动广大人民的积极性、主动性、创造性，汇聚起同心共圆中国梦的强大合力。

人民民主是社会主义的生命，是全面建设社会主义现代化国家的题中应有之义。我国全过程人民民主是最广泛、最真实、最管用的民主，不仅有完整的制度程序，而且有完整的参与实践。新征程上，要积极发展全过程人民民主，坚持党的领导、人民当家做主、依法治国有机统一，健全人民当家做主制度体系，扩大人民有序政治参与，保证人民依法实行民主选举、民主协商、民主决策、民主管理、民主监督，充分体现人民意志、保障人民权益、激发人民创造活力。

人民对美好生活的向往，是我们的奋斗目标。要牢牢把握人民幸福安康这个推动高质量发展的最终目的，贯彻以人民为中心的发展思想，完善分配制度，健全社会保障体系，强化基本公共服务，兜牢民生底线，持续增进民生福祉，不断提高人民生活品质。要心怀“国之大者”，以百姓心为心，想群众之所想、急群众之所急、办群众之所需，解决好人民群众急难愁盼问题。要着力维护和促进社会公平正义，既做大“蛋糕”，又分好“蛋糕”，让现代化建设成果更多更公平惠及全体人民，在推进全体人民共同富裕上不断取得更为明显的实质性进展。

团结奋斗是中国人民创造历史伟业的必由之路。民族团结是我国各族人民的生命线，要铸牢中华民族共同体意识，加强各民族交往交流交融，促进各民族和睦相处、和衷共济、和谐发展，不断巩固发展全国各族人民大团结，让各民族像石榴籽一样紧紧抱在一起。以中国式现代化全面推进中华民族伟大复兴，离不开海内外中华儿女共同团结奋斗。要用好统一战线这一重要法宝，不断巩固发展海内外中华儿女大团结，调动一切积极因素推动中国式现代化建设。

人心是最大的政治，团结是最强的力量。让我们更加紧密地团结在以习近平同志为核心的党中央周围，心往一处想、劲往一处使，团结奋斗，开拓创新，在新征程上作出无负时代、无负历史、无负人民的业绩，为推进强国建设、民族复兴作出我们这一代人的应有贡献！

（新华社评论员）

坚持以人民为中心始终如一

党的二十大报告将“坚持以人民为中心的发展思想”明确为前进道路上必须牢牢把握的五条重大原则之一。

2023年是全面贯彻党的二十大精神的开局之年。大江南北迎来疫情防控进入新阶段以后的第一个农历新年，“烟火气”“消费热”“忙碌劲”加速回归。春节假期，短短7天，全国铁路、公路、水路、民航共发送旅客约2.26亿人次；春节档电影票房达67.58亿元，位居影史同期第二；全国重点零售和餐饮企业销售额较2022年同期增长6.8%……一个个亮眼数据折射出神州大地欣欣向荣的景象，反映出人民群众持续增强的获得感、幸福感、安全感。

成绩取得，殊为不易，这是党和人民一道拼出来、干出来、奋斗出来的。

十年间，全国上下砥砺奋进，经济快速发展，厚植民生福祉：人均预期寿命增长到78.2岁；居民人均可支配收入从16500元增加到35100元；城镇新增就业年均1300万人以上；改造棚户区住房4200多万套，改造农村危房2400多万户……

过去三年，面对世纪疫情，在以习近平同志为核心的党中央坚强领导下，我们始终坚持以人民为中心的发展思想，筑牢疫情防控屏障，护佑人民生命健康。疫情防控进入新阶段后，工作重心从“防感染”转向“保健康、防重症”，不变的是“人民至上、生命至上”的理念。

2022年，极不平凡。面对诸多挑战，我们全力稳增长、稳就业、稳物价、保民生——全国城镇新增就业1206万人，超额完成全年预期目标任务；

全国居民人均可支配收入比上年实际增长 2.9%，城乡居民收入相对差距持续缩小……

实践表明，党和人民始终站在一起、想在一起、干在一起，任何风浪都动摇不了我们的钢铁意志，任何困难都阻挡不了我们的前进步伐。

“中国共产党执政的唯一选择就是为人民群众做好事，为人民群众幸福生活拼搏、奉献、服务。”朴实的话语，道出习近平总书记深厚、真挚的人民情怀。

当前，我国经济总体回稳向好，但恢复基础仍不牢固，需求收缩、供给冲击、预期转弱三重压力仍然较大。越是面对压力挑战，越要牢牢坚持以人民为中心的发展思想，做好保障和改善民生工作。

2023 年春节团拜会上，习近平总书记坚定有力宣示：“我们要坚持稳字当头、稳中求进，更好统筹国内国际两个大局，更好统筹疫情防控和经济社会发展，更好统筹发展和安全，全面深化改革开放，努力实现经济运行整体好转，推动人民生活持续改善。”

开年以来，各地各部门出实招、求实效，规划部署全面落实党的二十大精神开局之年的“民生清单”，聚焦民生关切，直击民生痛点。

着力夯实民生之基，牢牢把握发展主动——

就业是最基本的民生。新年伊始，各地多措并举积极推动保用工稳就业。

浙江、福建、江苏等东南用工大省展开跨省招工；广西柳州、甘肃定西、贵州贵阳等地发出返岗复工服务专列；北京、上海、广东、浙江、福建等地出台专门政策，为企业招用工发放补贴，用真金白银支持企业复工满产、加快发展……目前，“2023 年春风行动暨就业援助月”专项服务活动正在全国开展，1 月至 3 月活动期间预计将提供 3000 万个就业岗位。

放眼全国，劳动力市场呈现“早”春暖意：外出返岗早，大年初一起务工人员就陆续外出，两成务工人员返岗时间较去年有所提前；用工需求旺，不少企业期盼早开工、早生产，节前到输出地洽谈用工，节后立即启动定向招聘、定向输送。

聚焦民生所需，努力解决民众急难愁盼问题——

看医疗，为持续挤压药品耗材虚高价格水分，2023年将开展新批次国家组织药品和高值医用耗材集采，扩大地方集采覆盖品种，实现国家和省级集采药品数合计达450个；

看教育，2023年将继续把“双减”摆在突出位置来抓，学前教育、特殊教育突出“普惠发展”，义务教育突出“优质均衡”，高中阶段学校突出“多样化”；

看住房，2023年将新开工改造城镇老旧小区5.3万个以上，新开工城市燃气管道等老化更新改造10万公里以上，改造建设雨水管网1.5万公里以上；

看养老，2023年民政部将联合财政部，支持一批项目地区建设10万张家庭养老床位，提供20万人次居家养老上门服务……

财政部提出，2023年，财政收支矛盾依然突出，但不会在民生支出上退步。2023年将进一步健全社会保障体系，保障好因疫因灾遇困群众、老弱病残等特殊群体的基本生活。

坚持高质量发展，努力为人民群众创造更美好生活——

浙江三门县海游街道祥和村，一处名为“共富工坊”的车间里，几十名工人有的串珠、有的缝纫，忙得热火朝天。

近年来，当地探索搭建“助共体”数字平台，建起150处“共富工坊”，帮助低收入家庭“就近工作、稳定增收”，累计带动400多名低收入群众每月人均增收3500元。

在江苏，各级部门抓住基本公共服务体系建设这个重中之重，加快健全教育、医疗、养老、托育等基本公共服务体系；在江西，各地积极巩固拓展脱贫攻坚成果，优化防止返贫动态监测帮扶机制；在黑龙江，绿色有机食品认证面积达到9100万亩，2023年农业农村部门将继续加快产业链升级，推动乡村振兴……

探索共富机制、做好“土特产”文章、搞好乡村旅游……在新起点上接续奋斗，各方面正推动全体人民共同富裕取得更为明显的实质性进展。

“办好人民满意的教育”“实施就业优先战略”“健全社会保障体系”“推

进健康中国建设”……民生无小事，枝叶总关情，党的二十大报告中的一系列民生政策和举措正在扎实贯彻落实。

新征程上，在以习近平同志为核心的党中央坚强领导下，坚持把实现人民对美好生活的向往作为现代化建设的出发点和落脚点，就一定能汇聚起 14 亿多人民心往一处想、劲往一处使的磅礴力量，书写共同奋斗创造美好生活的新篇章。

（新华社记者　樊曦、王优玲、周圆、周思宇）

推进党的理论创新要坚持走好群众路线

习近平总书记在中央政治局第六次集体学习时指出:"继续推进党的理论创新必须走好群众路线,决不能闭门造车、坐而论道、流于空想。要尊重人民首创精神,注重从人民的创造性实践中总结新鲜经验,上升为理性认识,提炼出新的理论成果,着力让党的创新理论深入亿万人民心中,成为接地气、聚民智、顺民意、得民心的理论。"这一重要论断,既是对我们党百年来理论创新经验的深刻总结,又指明了新时代新征程推进理论创新的着力方向。

中国共产党自成立以来,始终坚持以马克思主义为指导,深深扎根于人民群众的创造性实践中,尊重人民群众的主体地位和首创精神,作出新概括、获得新认识、形成新成果,不断推进理论创新,为党和人民事业发展提供与时俱进的科学理论指导。习近平总书记总结党的历史经验,深刻阐述"江山就是人民、人民就是江山",强调"民心是最大的政治""世界上最大的幸福莫过于为人民幸福而奋斗""依靠人民创造历史伟业"……正是因为我们党尊重人民群众的主体地位和首创精神,立足亿万群众的创造性实践,增强人民群众自力更生、艰苦奋斗的内生动力,充分激发人民群众中蕴藏的智慧和力量,才能在百年奋斗历程中不断创造历史伟业。可以说,党的创新理论都是源自于人民的智慧、人民的探索、人民的创造,都是党和人民实践经验和集体智慧的结晶。党的理论创新始终注重从人民群众的创造中汲取理论创新智慧。

群之所为事无不成，众之所举业无不胜。从太行绝壁上的红旗渠到小岗村大包干契约上的红手印，从塞罕坝植树造林的“绿色奇迹”到新时代伟大的脱贫故事，新生事物的产生和发展、思想认识的深化和突破、实践经验的创造和积累，无不来自亿万人民的实践和智慧。党的群众路线既从党的性质、宗旨上强调“每一个党员必须养成为人民服务、向群众负责、遇事同群众商量和同群众共甘苦的工作作风”；又从做群众工作方法方面强调“从群众中来，到群众中去”。通过“从群众中来”及时发现、总结、概括人民创造的新鲜经验，获得正确反映客观规律的真理性认识，进而制定出符合客观规律的科学决策。通过“到群众中去”使来自群众的合理意见和真理性认识为群众所掌握，进而转化为改造世界的实际行动。在与群众生产生活实践的紧密结合中、在回应群众现实的需要与关切中总结新鲜经验并上升为理性认识，提炼出新的理论成果，形成“自己的时代、自己的人民的产物”，为人们认识世界和改造世界提供强大思想武器。

推进党的理论创新必须走好群众路线，时刻关注群众在想什么、盼什么，真正搞清楚老百姓的喜怒哀乐、酸甜苦辣，从而在人民的创造性实践中获得正确认识，让党的创新理论深入亿万人民心中，成为接地气、聚民智、顺民意、得民心的理论，把党的科学主张变为人民群众的自觉行动。在实践—认识—再实践—再认识的循环往复中主观与客观相符合，需要有一个桥梁和途径，调查研究就是这样的桥梁和途径。例如，为了取得脱贫攻坚战的全面胜利，习近平总书记50多次调研扶贫工作，走遍14个集中连片特困地区，坚持看真贫，坚持了解真扶贫、扶真贫、脱真贫的实际情况，面对面同贫困群众聊家常、算细账。在调查研究和汲取群众智慧的过程中，精准扶贫理念臻于成熟，扶贫工作机制趋于完善。当下，全党正在大兴调查研究之风，广大党员干部务必扑下身子、沉到一线，深入实际、深入基层、深入群众，多层次、多方位、多渠道且高度自觉地拜人民为师，向能者求教、向智者问策，从而发现问题、抓住本质、找出规律，最终作出正确决策并提炼新鲜理论。

理论创新无止境，群众实践无穷尽。在新时代新征程上，我们要站稳人民立场、把握人民愿望、尊重人民创造、集中人民智慧，以群众路线之津筏连接理论创新之远征，激发蕴藏在人民群众中的创造伟力，赋予理论创新应有且必需的时代动力。

［王学斌　中央党校（国家行政学院）文史教研部教授］

落实“四下基层”交流座谈会召开

落实“四下基层”交流座谈会2023年12月20日在京召开。中共中央政治局委员、中央学习贯彻习近平新时代中国特色社会主义思想主题教育领导小组常务副组长李干杰出席会议并讲话。全国政协副主席、中央学习贯彻习近平新时代中国特色社会主义思想主题教育领导小组副组长姜信治主持会议。

会议强调，各地区各部门各单位要深入学习贯彻习近平总书记系列重要讲话和重要指示批示精神，把学习推广“四下基层”作为主题教育的重要抓手，推动各级党组织和广大党员、干部走好新时代党的群众路线。要深化思想认识，进一步增强落实“四下基层”的自觉主动，传承发扬“四下基层”优良传统。要突出实践实效，把“四下基层”与主题教育重点措施衔接联动、贯通落实，推动“四下基层”往深里走、往实里做。要压紧压实责任，坚持以上率下，弘扬严实作风，形成常态长效，持续落实“四下基层”，确保主题教育取得扎实成效。

中央主题教育领导小组及办公室负责同志，各中央巡回指导组负责同志，各省区市和新疆生产建设兵团党委主题教育办公室有关负责同志、巡回督导组组长，各市（地、州、盟）党委主题教育办公室主要负责同志，部分中央和国家机关、中管金融企业和中管企业主题教育办公室主要负责同志参加会议。

（新华社北京2023年12月21日）

第二章

“宣传党的路线、方针、政策下基层”：

从“声边”到“身边”，让党的创新理论在一线生根

扫一扫，观看

《福建宁德：上畲乡 下渔排 党的创新理论“飞入寻常百姓家”》

“四下基层”制度
打通理论宣传“最后一公里”

“四下基层”是习近平同志在福建宁德工作期间大力倡导并形成的工作制度。一直以来，福建省宁德市古田县坚持不懈用习近平新时代中国特色社会主义思想凝心铸魂，始终把政治建设摆在首位，加强和改进新时代思想政治工作，深挖“四下基层”理论内涵和实践途径，用活“四下基层”实践锻炼载体，努力实现干部培养与乡村振兴同频共振，为推动中国式现代化贡献“古田力量”。

坚持“学”字为先，把“四下基层”作为学习新思想的“授课堂”

古田县作为习近平同志到任宁德后开展“四下基层·调查研究下基层”首站，历届党委、政府始终怀着感恩之心和拥戴之情坚持贯彻“四下基层”制度。一是坚持以学铸魂。以学习贯彻习近平新时代中国特色社会主义思想为主线，紧紧围绕“学思想、强党性、重实践、建新功”的总要求，把学习“四下基层”制度作为习近平新时代中国特色社会主义思想主题教育的重点内容之一，构建以“理论中心组 + 读书班 + 三会一课”为支撑，建立覆盖全县各级党组织的全方位学习体系，教育引导全县上下领悟思想伟力，自觉把“两个确立”“两个维护”铸入灵魂、融入血脉，做到思想跟进、行动跟紧，全面激发“不待扬鞭自奋蹄”的思想动力。二是坚持以学增智。通过“菜单式”管理、差异化组合，搭建“线上＋线下”双学习平台，打造习近平总书记重要讲话重要指示批示精神“学习讲堂”，习近平总书记“七进古田”“微党课”，以及配套制定红色教育、产业调研、农事劳作等精品课程200多个，形成了一整套“学思想、重实践”系统完整、规范的教学体系，有力推进广大干部在政策制定、决策部署上更加务实、更加接地气、更能站在群众角度考虑和解决问题，以科学民主决策助推了古田高质量发展。三是坚持以学促干。创新跟班导师帮带制度，建立培养锻炼“导师库”，遴选推出领导职务的科级干部、中高级职称专技人才担任导师，明确培养锻炼内容，建立帮带任务清单和成长档案，实现精准帮带，让广大干部透过习近平总书记在闽任职期间“七进古田”对古田发展的殷切嘱托和悉心指导，在思想深处产生共鸣，变“要我学”为“我要学”、“要我干”为“我要干”。目前，已承接省市县人员（含学生）1万多人次莅古参加“四下基层”实践锻炼活动。

坚持“宣”字为要，把“四下基层”作为传播新思想的“强引擎”

古田县紧紧围绕学习贯彻习近平新时代中国特色社会主义思想，依托“四下基层”实践锻炼载体，深入浅出地回应大众关切，力图以春风化雨、润物无声的方式，让党的创新理论成为老百姓喜闻乐见的精神食粮，打造基层群众学习党的路线、方针、政策的“直通车”。一是打造基层宣讲“轻骑兵”。开展“四下基层”基地讲解员专题培训，提升讲解员语言表达、临场应变等能力，打造一批讲好新思想及习近平总书记“七进古田”的讲解队伍；同时，充分发挥“翠屏浪花”宣讲总队、乡村讲师团等宣讲队伍力量，创新“文艺＋宣讲”“闽剧＋宣讲”等形式，开展“全面争优争效 奋力谱写宁德篇章”主题宣讲、“习爷爷在宁德的故事”进校园等活动，持续掀起深入学习习近平新时代中国特色社会主义思想、党的二十大精神的热潮，营造真学深信笃行新思想的浓厚氛围。2023年以来，共开展宣传宣讲300多场次，受众达2万多人次。二是搭建干群互动“连心桥”。把新思想转化为实践理论、工作方法，建立暖心服务小分队，围绕政治思想教育、基层党组织建设、乡村产业发展、基层综合治理、矛盾纠纷化解等内容，与群众达到情感上共鸣、思想上对流、心理上交融，从干部群众最关心的现实问题讲起，将理论政策转化为大白话，推动党的创新理论和方针政策“飞入寻常百姓家”。目前，围绕党的二十大精神、省市县党代会精神等主题，“四下基层”实践学员累计走访群众8000多人次、收集意见建议400多条、为民办实事500多件（次）。三是扩大外宣传播“好声音”。结合习近平总书记提出“四下基层”35周年、习近平总书记给下党乡乡亲们的重要回信4周年、对宁德工作作出重要指示批示3周年等重要节点，组织筹备传承弘扬“四下基层”优良传统系列活动，围绕“同吃、同住、同劳动、同调研”主题，从“小切口”解析“大主题”、用“多视角”诠释“新思想”，充分利用抖音、微信等新媒体平台，把新思想讲进百姓心里，让更多古田外的群众听到“古田故事”。2023年以来，共接待上级媒体记者400多人次，在上级主流媒体刊播（发）报道近500条。

坚持“践”字为上，把“四下基层”作为践行新思想的“练兵场”

古田县始终坚持用新思想武装头脑、指导实践、推动工作，引导广大干部躬身一线，真正将新思想特别是“四下基层”的理念深植于心，外化于行。一是打造实践锻炼平台。以创建国家乡村振兴示范县为契机，整合特色现场教学点、乡村振兴试点村、金牌旅游村等资源，按照有好的村级班子、特色产业、食宿条件、劳动基地、帮带导师、安全保障等“六个有”标准，构建“1+23+N”四下基层实践基地布局。特别是“四下基层·调查研究下基层”主题馆，充分展现习近平总书记在闽任职期间“七进古田”留下的足迹和感人故事，是学习习近平新时代中国特色社会主义思想、深入调查研究、推进各项事业高质量发展的重要学习基地。二是大兴调查研究之风。通过实践锻炼摸实情、集民智、理思路、出良策，互相交流心得，对新思想有了更深理解与体会，也解决了“在黑板上学种田”“在办公室里搞调研”的问题。例如，古田县凤埔乡食用菌生产存在建设成本高、产业链条短、人才技术缺等问题，县委在调研后建议探索乡镇版食用菌“县域工厂化”发展模式。目前，已形成《乡村振兴大背景下乡村研学实践基地建设探究》《古田县党支部领办合作社的实践探索》等一批优秀调研论文66篇，在构建“一老一小”服务体系、扩大“互助孝老食堂”“爱心助残驿站”“我在古田有亩田”活动等方面也提出了独到的见解和想法。三是深入基层实践锻炼。依托“四下基层”实践基地，结合“深学争优、敢为争先、实干争效”行动，县处级领导以身作则、示范先行，每月开展“四下基层”活动5天以上，围绕医疗、教育、产业发展等群众关心关切的重点工作，带头抓好“七个一”内容，把“四下基层”工作理念和优良作风贯穿到活动的全过程；组织青年干部分批开展活动，把实践锻炼与推进重点工作紧密结合，参与到村庄人居环境整治、无访村庄创建、项目安征迁等重点工作中来，用心用情做好“送上门的群众工作”，问需于民、问计于民，精准解决群众切身问题。自2021年6月以来，全县参加“四下基层”实践锻炼青年干部共计1031名，其中获得提拔重用60多名。

（张成慧　福建省宁德市古田县委书记）

让党的创新理论传遍山海深入人心

科学的理论是指引方向的灯塔。

作为党的宣传思想文化工作的重要组成部分，理论宣传是推动党的创新理论深入人心的重要途径和方法，担负着巩固发展社会主流思想和满足人民理论需求的重要任务。

不论是营造浓厚学习宣传贯彻氛围的宣传报道，还是既“解渴”又鼓劲的基层宣讲，抑或是为理论武装提供学理支撑的研究阐释，我省宣传思想文化战线始终聚焦用党的创新理论武装全党、教育人民这个首要政治任务，发挥福建独特优势，坚持不懈用习近平新时代中国特色社会主义思想凝心铸魂，让党的创新理论“飞入寻常百姓家”。

发挥优势，理论宣传“闽味”十足

从秋到冬，习近平文化思想学习宣传贯彻热潮持续涌动。

“我将深学细悟笃行习近平文化思想，更好担负起新时代新的文化使命，为保护历史文化遗产贡献自己的一份力量！”近日，在“新思想微宣讲”现场聆听三坊七巷从“保下来”到“活起来”、从“老古董”到“潮文化”、从“留乡愁”到“融世界”的转变后，东山县文化馆助理馆员王晓芳深有感触。

这是我省推动习近平文化思想凝心铸魂、入脑入心的一个缩影。

福建是习近平新时代中国特色社会主义思想的重要孕育地和实践地。如何充分发挥这一优势，让党的创新理论宣传富有“八闽特色”、彰显“福建味道”？宣传思想文化战线各展所长、同向发力、同频共振。

全国宣传思想文化工作会议召开后，新闻战线以文图音视竞相发力形成宣传矩阵的态势，连续推出一系列反响报道、专题报道、新闻综述、言论评论等，充分挖掘阐释习近平同志在福建工作期间关于宣传思想文化工作的重要理念和重大实践，反映全省上下迅速组织学习贯彻的火热场面，集中展现福建落实“七个着力”重大要求的典型事迹，推动习近平文化思想家喻户晓、深入人心。

用好福建优势、彰显福建特色，须深挖理论富矿，从思想源头、实践起点深入宣传阐释党的创新理论。

近年来，我省高标准建设省习近平新时代中国特色社会主义思想研究中心，开展一系列重大课题研究，并会同中央有关部门和权威媒体围绕“晋江经验”与习近平经济思想、“四下基层”与新时代党的群众路线等主题，召开10场高层次理论研讨会，发出福建理论界“强音”；配合中央党校采写《习近平在福建》系列采访实录，在中宣部统筹指导下组织编写、出版发行《闽山闽水物华新——习近平福建足迹》，为理论学习提供重要读物。

从军营村到下党乡，从三坊七巷到万寿岩，从木兰溪畔到武夷山下，从长汀河田镇到沙县俞邦村……福建山海间，一个个具有特殊意义的“标志地”，是开展新思想学习、宣讲的独特“教材”。

循往昔领袖足迹、学今朝伟大思想、话明日光明图景，在一场场共学和宣讲中，八闽儿女学深悟透习近平新时代中国特色社会主义思想，深刻领悟“两个确立”的决定性意义，坚定自觉做到“两个维护”。

深入基层，理论宣传贴近群众

理论宣传普及，应深入基层、面向群众。

传承弘扬“四下基层”优良传统，党的十八大以来，福建深入挖掘阐释习近平同志在福建工作期间提出的重要理念、开创的重大实践，组织党员干部深入一线宣讲党的理论和路线方针政策，着力讲好新时代故事。

社科界树立大科普理念，把学习宣传研究习近平新时代中国特色社会主义思想作为社科普及工作的首要政治任务，每年举办学习习近平新时代中国特色社会主义思想百场社科专题报告会、网上竞答活动和省市县三级联动的全省社会科学普及宣传周，常态化广泛开展社科讲坛、公益宣传、文艺宣讲等活动，以全方位、多形式、分众化的宣传普及，推动社科普及融入经济社会发展各领域，为中国式现代化持续贡献福建力量。

我省还依托“福小宣”等特色宣讲队伍，精心组织面对面、多样化的“新思想微宣讲”活动，基层理论宣讲在全国表彰中连续六年实现“满堂红”。

从党政机关到企事业单位，从工厂车间到田间地头，从社区广场到乡村舞台，从学校课堂到“两新”组织……在八闽大地，各类理论宣讲场景随处可见。

据介绍，党的二十大以来，全省开展宣讲 10.7 万场次，受众超过 1100 万人次。这次主题教育，第一批参加单位的领导干部宣讲 2000 多场次，260 多支“福小宣”小分队宣讲 1 万多场次。

如何让理论宣传更贴切群众？这些面向基层的宣讲因地因时制宜，结合当下热点、当地实际和发展变化、群众理论需求和期待关切，把讲理论与讲政策、讲故事结合起来，用身边事例解读新观点新论断。

2022 年成立的松溪乡村振兴战略与县域经济发展讲习班，围绕学习贯彻习近平新时代中国特色社会主义思想，根据乡村振兴和县域经济发展实际设置特色宣讲内容。

讲习班成员在一次次走访中摸清农户生产生活需求，精准设计水稻高产栽培、移风易俗、看病就医、养老育幼、预防网络诈骗等一批“小而精”的讲习课程，从小切口入手、用小故事阐释。值得一提的是，针对当地产业发展现状，讲习班与高校科研院所合作推出绿色生态种植、科技创新平台建设、茶叶品牌营销系列宣讲课程，有力推动上下游茶产业协同发展，让党的创新理论宣讲赋能乡村振兴。

创新方式，理论宣传通俗易懂

理论宣传要注重方式方法，越是深入浅出、通俗易懂，就越容易被人接受。

主流媒体是宣传党的创新理论的重要阵地。聚焦新思想宣传与解读阐释，省级媒体推出一批反映习近平同志在福建工作期间探索与实践的长篇通讯，在全国引起强烈反响。《福建日报·理论周刊》和《中国正在说》等电视节目不断输出精品力作，近年来创新推出的“敏言”“屏山君”等易于传播的理论产品，亦成为理论成果具体化生动化呈现的特色品牌，相关融媒体产品屡屡刷屏。

面向青年，各高校精心开展“习近平新时代中国特色社会主义思想大学习领航计划”系列主题活动，组织大学生上思政课、拍摄微电影、开展“追寻习近平总书记成长足迹”主题社会实践，发挥学生在思政课中的主体积极作用，创新学生喜闻乐见的参与式授课方式，使思政课更有趣更生动更有效。

基层宣讲方面，各地把“面对面”与“键对键”结合起来，不断创新宣讲方法、转换话语方式，提高宣讲效果，让党的创新理论在基层的宣讲活起来。

线上，“学习强国时间”音频节目用充满人情味、泥土味的语言，宣传习近平新时代中国特色社会主义思想和党的二十大精神，宣传党中央重大决策部署和省委、省政府工作要求，反映福建人民牢记嘱托、砥砺奋进的生动实践和显著成效，两年来，通过全省5.2万个乡村大喇叭，为千万基层群众送去党的路线方针政策。

线下，宣讲方式不拘一格、灵活多变，巧借“故事会”“茶话会”“夜谈会”，结合方言和快板、音乐等文艺形式，用群众易于接受的表达形式和传播途径，把深邃的理论用富有时代特点、通俗易懂的“大白话”讲清楚，把深刻的道理用“接地气”的话语说明白，使科学的理论广泛传播、润泽人心。

做好理论宣传工作，离不开人才队伍的支撑。

为加强人才队伍建设，宣传思想文化战线围绕增强“四力”，在全系统开展“岗位大练兵、业务大比武”，以培训、比赛等方式选拔优秀宣传宣讲人才，引进、培养和使用一批敢为、愿为、善为、有为的“硬核”干部，全面提升全战线精神面貌、作风能力、工作业绩，不断壮大理论宣传主力军。

（福建日报）

理论宣讲进基层　思想引领润人心

2023年，特别是主题教育开展以来，仙游县大力传承弘扬“四下基层”优良传统，坚持把宣传党的路线方针政策下基层作为领悟思想伟力的重要途径，深入开展好主题教育“十百千”宣讲活动，持续推动党的创新理论“飞入寻常百姓家”。

加强队伍建设，不断完善宣讲网络

着力构建宣讲队伍体系，形成领导干部、基层党员、理论工作者、先进模范、企业职工、普通群众代表等各群体广泛参与的梯队式、多领域、广覆盖的宣讲员队伍，构建起“领导干部讲政策、讲实践，宣讲员讲理论、讲故事”的理论宣讲工作格局，不断夯实基层理论宣讲根基。领导干部带头讲。县处级领导结合调研工作带头深入基层一线讲理论、送政策，带动全县各级领导干部结合自身实际深入开展宣讲活动，按照“群众要什么，我们讲什么”的思路，扮演好“翻译官”角色，围绕住房、就医、教育、家风家教等民生热点话题，将“书面语”转化为“家常话”，把群众关心的内容讲活讲透。宣讲队伍分类讲。深化整合各类宣讲资源，培养选树优秀理论宣讲员，充分发挥优秀共产党员、理论工作者、先进模范、乡村振兴典型等各级各类宣讲力量作用，组建县、乡镇（单位）两级理论宣讲员队伍“福小宣·仙讲队”48 支。同时通过完善队伍台账、开展座谈培训、强化激励引导、实行分级管理等措施，提升宣讲队伍的能力水平。2023 年以来，各支宣讲小分队围绕不同主题面对不同的群体，以群众关心关注的话题和身边人身边事为切入点开展各类宣讲 500 余场，受众超 1.5 万人次。

丰富宣讲形式，不断提升宣讲影响

把学习宣传贯彻党的创新理论作为重中之重，坚持理论宣讲的内容既要“顶天”又要“立地”，不断丰富宣讲形式，运用莆仙方言、快板赞句、有奖问答等精彩亲民的方式让宣讲更具“烟火气”，将理论政策变成富有“百姓味”“时代味”“真理味”的生动讲述，让人民群众坐得下、听得进、弄得懂、记得牢，实现入脑入心。形式多元，让理论宣讲走新更走心。宣讲比赛扩大理论影响力，举办全县“讲理论 悟思想 话担当”理论宣讲比赛，来自基层一线各行各业的宣讲员们用通俗的语言、生动的故事讲使命担当、论家国情怀、谈发展成就、颂时代精神，为大家呈现了一场有营养、有活力的理论学习盛宴。方言乡音传递理论好声音，“福小宣・仙讲队”主题教育宣讲活动走进鲤南镇新时代文明实践所、大济镇乌石村新时代文明实践站，用亲切的莆仙方言为广大干部群众带来形式新颖的文化思想微宣讲，让土生土长的基层干部群众在聆听宣讲中激发对家乡的文化认同和历史认同。创新形式推动理论“热起来”，在国网仙游县供电公司“妈妈小屋”，“福小宣・仙讲队”劳模工匠小分队的宣讲员们将宣讲与自身体会、经历相结合，通过理论宣讲、读书分享、情景互动、赠送书籍等形式，变被动宣讲为主动宣讲、变被动填灌为主动汲取。石苍乡红色宣讲队深入革命老区村，通过宣讲 + 采访 + 互动等方式，让基层理论宣讲充满温度。网络扬声，让理论宣讲入耳更入心。打好线下线上“组合拳”，在开展线下宣讲的同时策划录制《党的二十大精神放光芒》《党的二十大精神快板赞》《越走越宽的家乡路》等莆仙赞句、快板宣讲短视频，依托微信公众号、广播等线上载体，实现理论宣讲从“纸面”走向“网络”。针对行动不便的老年党员群众和在外务工的流动党员等，充分利用广播、微信公众号等平台，通过线上发送学习资料、推送宣讲视频等，以网络“小切口、微宣讲”的方式，让党的声音传到千家万户。

理论融入实践，不断增强宣讲效果

将宣讲活动融入日常工作生活，结合工作重点，让宣讲员走进田间地头、村庄庭院，采取送学上门等形式和群众拉家常、讲理论、谈变化、话未来，与群众零距离接触、面对面宣讲。同时运用“庭院讲堂”“新时代文明实践站”、网格议事厅、单元议事角等载体，用群众喜欢听、易接受的大白话，多渠道、多方式引导广大党员干部群众主动学、拓展学、深入学，现场帮助群众解疑释惑，推动党的创新理论落地生根、开花结果。做活理论宣讲融合文章。“科普式”宣讲，11 月 8 日社会科学普及周启动仪式现场，快板、赞句、十音八乐等群众喜闻乐见的宣讲方式在寓教于乐中为现场干部群众送去了思想文化大餐。“关爱式”宣讲，重阳节期间，基层宣讲员们融合慰问活动，结合典型案例，用通俗易懂的语言开展宣讲，拉近与群众之间的距离。劳模工匠小分队融合“关爱月”活动，结合集体庆生、免费体检等形式，让理论宣讲走进户外劳动者、新就业形态群体。打造身边宣讲特色课堂。从“坐着听”到“走着学”，乡村振兴宣讲小分队的成员们，聚焦兴业富民，深入田间地头讲理论、讲政策、拉家常，并现场为农户开展技术指导，持续助推乡村振兴。法治小分队持续深入开展“法治进乡村”宣讲活动，立足群众实际需求，就群众关心的热点难点问题进行剖析解答，努力打通法律服务群众的“最后一公里”，切实增强基层群众法治思维和法治意识。

让宣讲形成燎原之势
使党的创新理论在基层落地生根

学习宣传贯彻党的二十大精神是当前和今后一个时期的首要政治任务。围绕党的二十大提出的新思想新论断、作出的新部署新要求，浙江组织开展“六学六进六争先”等一系列内容丰富、形式多样的学习实践活动，推动党的二十大精神深入基层、走进群众、浸润人心，使党的先进思想理论在人民群众心中生根发芽，焕发出蓬勃生命力。

营造浓厚宣讲氛围

习近平总书记指出，只有全面、系统、深入学习，才能完整、准确、全面领会党的二十大精神。为确保宣讲严格按照党中央要求开展，把党的二十大精神讲深讲透讲准，浙江推动形成了党员干部示范引领、社会各界齐心合力、青年群体张扬活力的宣讲格局。

“关键少数”以上率下，让宣讲持续兴起热潮。浙江注重发挥领导干部“关键少数”的引领作用，在学习宣传贯彻党的二十大精神上，推动“关键少数”引领“绝大多数”，以上率下做好榜样示范。积极组建以省领导、各设区市委主要负责同志、省有关部门单位主要负责同志为代表的宣讲团，通过集体备课、座谈讨论等方式广泛开展研究式学习、讨论式学习、体验式学习，带动全省各级党员领导干部学深悟透、深刻把握党的二十大精神精髓要义，带头进乡村、进社区、进学校、进各类新经济组织和新社会组织宣讲党的二十大精神，在全省上下迅速兴起学习宣传贯彻党的二十大精神的强大声势。

社会各界群策群力，让宣讲形成“燎原”之势。宣讲受众分布广、人员多，需要一支兼具政治素养、理论水平、宣讲能力的高素质宣讲员队伍，进行全方位、多层次、多声部宣讲。浙江以社科机构、高校智库等专家学者及宣讲名师组成的省级理论宣讲名师工作室为中枢，各地遴选一批与群众联系紧密、有志于宣讲的基层党员干部、乡村带头人等，再培养和发现一批社区、企业的“民间讲师”，逐步形成了社科专家深入讲、青年群体组团讲、新闻记者访谈讲、基层干部一线讲的宣讲局面，推动宣讲既分不同人群“精准滴灌”，又在社会面形成全覆盖。

青年“后浪”比学赶超，让宣讲成为一种时尚。青年是整个社会力量中最积极、最有生气的力量。浙江在全省广泛开展“浙青年·爱学习”、青年辩论、党的二十大精神知识竞赛等各类活动，如丽水市成立“新时代青年挺进师”学习小组，金华磐安打造“向上青年学习班车”，衢州市推广“8090”青年宣讲团等，在全省范围内发掘培养了一批爱学习、勤思考、善宣讲的青年骨干。通过寻找“00后 talker”活动，浙江在全省各高校和企业中选拔优秀青年宣传员，“00后”宣讲员正式“上岗”。他们运用新媒体等多种形式，讲好新时代十年的历史性成就，用青春的话语讲活浙江的“红色根脉”故事和共同富裕探索实践，为全省的宣讲氛围增添了一抹亮丽的青春色彩。

创新话语表达方式

习近平总书记指出，新时代以来，党的理论创新和实践创新是十分生动的，我们的学习也应该是生动的。浙江用心展开理论通俗化阐释，采用更新潮、更活泼、更亮眼的表达方式，力争把党的二十大精神讲清楚、讲明白，让老百姓听得懂、能领会、可落实。

结合读者关心的生活热点讲，增添理论宣讲的“家常味”。浙江各地积极组织专家学者、宣讲名师等深入探讨、细化研究，以大众视角对党的二十大精神进行专题梳理和话语解读，结合群众通俗易懂的家常话、喜闻乐见的身边事，用“亲身经历”讲出“理论魅力”、用“邻里家常”唠出“理政新篇”，助推党的二十大精神入脑入心。如杭州组织4名杭州市党的二十大代表走进基层一线，以自己的参会经历、切身感受宣讲党的二十大精神。湖州“走美丽乡村 看最美中国”活动中，全省8名党的二十大代表走进农家小院、矿坑遗址话感悟、谈收获，使宣讲过程亦成为连接党心民心的过程。

结合表现新潮的数字载体讲，升级理论宣讲的“时代感”。借助新兴技术载体，浙江各地的理论宣讲增添了更多新颖表现形式，赋予受众更加鲜活饱满的学习体验。如嘉兴市的“红色剧本杀”沉浸式情景党课，打破传统宣讲方式，变“读稿宣讲”为“故事宣讲”，变“灌输宣讲”为“互动宣讲”，变“台上台下”为“围坐一堂”，让受众充分参与学习过程，收获感更足。宁波市《张人亚》《永不消逝的光辉》等情境微宣讲，通过角色代入、情景诵读、光电演绎等方式，让受众“亲身”体验革命先辈的英雄事迹，使对历史的回眸、思想的体悟更加直击人心。

结合积韵流长的传统文化讲，彰显理论宣讲的“文艺范”。浙江拥有传承悠久、润泽人心的文化富矿，将诗词歌舞、书法曲艺等文化瑰宝融入理论宣讲中，突破了传统宣讲单调刻板的窠臼，让受众爱听爱看、乐在其中。如舟山市将海岛特有的渔歌号子、舟山锣鼓等乡土艺术应用到宣讲中，将党的理论创新成果和政策方针用“三句半”“快板书”“顺口溜”等形式进行演绎。绍兴市运用评话、莲花落、越剧等文艺形式开展宣讲，制作了一批具有本土特色的宣讲作品，让受众接受思想洗礼的同时感受文化之美。

立体传播党的声音

习近平总书记指出，读者在哪里，受众在哪里，宣传报道的触角就要伸向哪里，宣传思想工作的着力点和落脚点就要放在哪里。浙江积极开辟辐射面广、目标明确、立体多元的宣讲阵地，让党的声音更快、更准、更便捷地传达到全省各地。

统筹兼顾网上网下，增强信息传播时效度。当前，互联网逐渐成为人们获取信息资讯、工作学习的重要途径和工具，学习宣传贯彻党的二十大精神，必须统筹规划好线上线下媒体传播，充分协调利用好报、网、端、微、视、屏等平台资源，推进全矩阵宣传。浙江通过开设党的二十大精神学习专题专栏、探索打造“云端微型党课”，积极开发掌上学习平台等，逐渐在网络上形成受众群体多样、传播面广的宣传声势。如金华义乌依托公共直播间，把党的二十大精神宣讲搬进了“联合国社区”。台州市“理润青年”云宣讲、“小马扎课堂”等，吸引了百万人次前来学习互动。

注重宣讲分层分众，提升思想传达针对性。宣讲需考虑不同行业、不同领域、不同群体的差异性和特殊性，注意“把握大势、区分对象、精准施策”，才能有的放矢地满足各类人群的多维需求。浙江各地通过实地调研、问卷调查等方式，从需求侧出发，围绕宣讲对象关心的难点热点，号准脉、开好方。如宁波市条块式、分众化开发课程，推出专家宣讲师资库和宣讲菜单，提供“你点我派”服务。湖州市派出“宣讲名师”“媒体记者”“家园先锋”“志愿巾帼”等队伍深入各地开展对象化互动化宣讲，有效地找准了“要讲”和“想听”契合点。

宣讲场景立体多元，扩大理论宣传覆盖面。浙江各地积极开辟生活化、日常化学习场景，把宣讲搬到街头巷尾、公园广场和车间工地。如金华市在公交车阅读专区印制宣讲二维码，将 8 路公交“劳模创新号”打造成学习宣传党的二十大精神的红色移动课堂。温州市创设“车间课堂”“工地课堂”等宣讲模式，引导党组织书记、党员深入生产车间、项目一线宣讲党的二十大精神，有效解决“两新”组织工学矛盾问题。舟山普陀的“海上”流动课堂，切实打通“最后一公里”，让宣讲不限于讲台、不囿于课堂，人人可参与、人人爱参与。

（王云长、张俊　浙江省习近平新时代中国特色社会主义思想研究中心研究员）

把握好党的创新理论基层传播的方法论

习近平新时代中国特色社会主义思想是党在新时代的伟大理论创举，是当代中国马克思主义、21 世纪马克思主义。学习贯彻党的这一创新理论，一个极为重要的环节是做好党的创新理论的基层宣传工作，打通“理论掌握群众”的“最后一公里”。如何推进党的创新理论在广大基层社会有效传播，实现新时代马克思主义大众化，不但是一个认识论问题，更是一个方法论问题。2018 年 8 月，习近平总书记在全国宣传思想工作会议上指出，要做好做强马克思主义宣传教育工作，特别是要在学懂弄通做实新时代中国特色社会主义思想上下功夫。要加强传播手段和话语方式创新，让党的创新理论“飞入寻常百姓家”。习近平总书记的这一重要论述，为新时代党的创新理论基层传播提供了深刻而科学的方法论指引。

坚持问题导向

让党的创新理论“飞入寻常百姓家”，必须坚持问题导向。坚持问题导向是习近平新时代中国特色社会主义思想人民性的鲜明体现。党的二十大报告明确指出，“党的理论是来自人民、为了人民、造福人民的理论”，“一切脱离人民的理论都是苍白无力的，一切不为人民造福的理论都是没有生命力的”。为人民谋福祉从来都是党的创新理论的初心和使命。因此，推进党的创新理论在基层传播，必须紧密结合事关人民群众切身利益的现实问题，积极回应新时代马克思主义大众化过程中的“人民之问”。

任何一种先进的理论，只有反映和体现人民的意愿，响应和满足人民的需求，才能为人民群众所认识所接受所拥护，才能在实践中生发出“改变世界”的巨大力量。当前中国的历史航船已经驶入新时代，面对世界百年未有之大变局，各种新问题错综复杂，层出不穷。在国家层面，这些问题事关改革发展稳定、内政外交国防、治党治国治军等诸多宏大叙事；在“寻常百姓”层面，这些问题则表现为人民群众急难愁盼的教育、医疗、就业、住房、养老、食品安全、环境污染、社会治安等“微末叙事”，而这些问题恰恰是理论与群众的最佳接合点。要让党的创新理论“飞入寻常百姓家”，就必须坚持人民至上的价值观，以务实的精神正视这些“寻常”问题，把“坚持问题导向”作为创新理论基层传播的世界观和方法论，把解决人民群众关心的热点、难点、堵点、痛点问题作为推进创新理论基层传播的突破口，用心用情用力回应好人民群众对美好生活的向往和期盼，使人民群众在拥有更加充实的幸福感和获得感的基础上，真切感受到党的创新理论“为人民服务”的宗旨和初心，从而使理论为人民群众所认同所喜爱所拥有，画出最大的思想同心圆。

实现理论传播的全媒体覆盖

做好党的创新理论基层传播工作，充分利用好各种传播媒介是重要一环。党在自身百年奋斗和发展历程中，以“理论掌握群众”为先导，不断推进马克思主义大众化，积累了丰富的理论传播经验，形成了科学完备的理论传播体系。其中，针对“寻常百姓”的“全媒”观念及其运用，是极具中国特色的理论传播媒介机制。在党的百年理论传播实践中，除了报纸、杂志、书籍、广播、电影等传统大众媒介，举凡民歌、秧歌、街头剧、快板、说书、墙报、漫画、宣传画、小人书、展览会、幻灯片、标语口号、生活用具直至人本身，无一不可作宣传媒介，由此可见党对全媒宣传观念的深刻领悟和理解。这种宽泛而务实的“全媒”观为践行党的理论传播战略提供了立体化、全方位的媒介基础设施。媒介物质性研究认为，当传播媒介成为社会的基础设施时，就会以其背景性和透明性在社会受众中产生习焉不察的传播效果。正是在这种日常生活化的“全媒”传播场景中，党的创新理论实现了与“寻常百姓”的水乳交融，使中国革命和建设不断走向成功。

进入新时代，互联网技术引发了传播生态的颠覆性变革，数字平台媒体已经成为现代社会中最为重要的基础设施之一，党的“全媒”传播观呈现出与过去完全不同的媒介样态。习近平总书记强调，“全媒体不断发展，出现了全程媒体、全息媒体、全员媒体、全效媒体，信息无处不在、无所不及、无人不用，导致舆论生态、媒体格局、传播方式发生深刻变化”。这对于党的创新理论基层传播既是严峻挑战，也是巨大机遇。在信息传播渠道和接收方式空前多元化的今天，短视频、微信公众号、微博、新闻客户端、直播平台等媒介形式早已成为人们日常生活和社会运转必备的结构性组成，对社会生活产生着广泛深刻而潜移默化的影响。因此，党的创新理论基层传播必须顺势而为，着力建构全媒体传播体系，打造并善于利用新媒体矩阵，实现理论传播的全媒体覆盖、网格化传播、渗透化接受，以“四全”媒体助推党的创新理论“飞入寻常百姓家”。

通俗是话语方式创新的“总开关”

新时代党的创新理论作为马克思主义中国化时代化的最新成果，具有系统、宏观、博大、精深的特点，因此，做好基层群众的理论宣讲工作并非可以一步到位、一蹴而就，必须加强话语方式创新，实现理论符码由高阶到低阶、由抽象到具体的“转译”，而通俗化则是话语方式创新的“总开关”。习近平总书记在系列重要讲话中的语言风格深入浅出、通俗晓畅、平易近人，在创新话语方式上为新时代马克思主义大众化树立了典范。

如果从传播学角度来考察，通俗化作为新时代马克思主义大众化的内在要求和基本特征，是有其理论依据的。传播活动是进行讯息意义交换的行为，前提是双方必须要有共通的意义空间。中国共产党是以工农联盟为基础的无产阶级政党，与人民群众有着根本一致的意义空间。要让党的创新理论“飞入寻常百姓家”，就必须用群众听得懂、喜欢听的语言，将其转换为群众容易接受、能够理解的传播代码。相关研究认为，传播代码分为限制性代码和详制性代码两种，相比详制性代码的正规、复杂和抽象，限制性代码更为简单、具体和易于理解，更倾向于表达“一致”的社会关系。语言相通，思想才能相通。在党的创新理论基层传播中，生动鲜活的群众语言、优秀传统文化中的名言警句、为群众所熟知的历史故事，以及网络新媒体时代的“网言网语”，都属于浅近而易于理解的限制性代码。通过通俗这一“最高形式”的传播媒介，可以有效扩大党的创新理论与最广大群众共通的意义空间，实现理论的话语方式“转译”，使党的创新理论在人民群众中入耳、入脑、入心。

实现由理性向感性的转化

党的创新理论“飞入寻常百姓家”是一个由理性政治向感性政治的转化过程。政治学理论认为，所谓理性政治指的是为人们提供某种理论或意识形态以获取人们对政治合法性的理性支持；而感性政治则是使用符号化手段调动人们的感情和情绪。在党的创新理论基层传播过程中，赋予理论传播以充沛的情感，对人民群众既能晓之以理，更能动之以情，让理论通过自身的情感温度实现掌握群众的广度、力度和精度，是实现党的创新理论从理性到感性转化的关键。

首先要怀有对人民群众的深厚感情。习近平总书记指出：“对于我们共产党人来说，老百姓是我们的衣食父母。要像爱自己的父母那样爱老百姓，为老百姓谋利益，带老百姓奔好日子。”回顾百年党史，党的创新理论从来都是将为人民谋福祉作为自己的初心和使命，只有身怀对人民群众的一片赤子之心和拳拳真情，以情动情，以心换心，在基层理论宣讲中俯下身、沉下心、察实情、说实话、动真情，才能真正将党的理论主张转变为人民群众的切身利益。

其次要将理论传播渗透于日常生活。充满人间烟火气和世俗温度的日常生活，是“寻常百姓”的主要角色特征。马克思的生活世界观认为，生活世界是人的存在与自我生成的地方，是人们在日常的生产生活活动中所形成的一个空间。回归生活世界就是要求从现实生活出发进行思考。因为人民群众习惯于从自己的日常生活角度去理解国家政治，遵循这一原则，就要努力让党的创新理论实现日常化、生活化、感性化，将党的基本主张渗透到社会生活的一根根“毛细血管”，以人间烟火的温度让人民群众明白和认同新时代马克思主义那些“很朴实的道理”。

平等互动的模式

党的创新理论与人民群众之间的传播关系是平等且互动的，而非直线单向、从高向低的简单灌输。习近平总书记指出，“要做群众的先生，先做群众的学生”。在“先生”与“学生”的辩证关系中，蕴含着一种平等互动的传播关系。如果传播者居高临下，以“老师”和“专家”的身份自居而将人民群众视为需要教育的对象或者“学生”，自然会遭遇各种挫折，难以取得良好的宣讲效果。

与西方传播学基于功能主义的单向控制模式完全不同，中国传统文化历来主张一种交往关系的平等性与互动性，它超越了“主体—客体”的关系模式，而进入“主体—主体”的关系模式。中国传统文化这种“注重关系的立场必然不是个人本位的立场，它主张在个人与其他对象结成的关系中，个人与他方构成关系时，不是以自我为中心，而是以自我为出发点，互以对方为重”。中华优秀传统文化的主体间性思想为党的创新理论基层传播提供了丰沛的动力滋养和科学的传播方案。

在理论传播过程中，“寻常百姓”固然有着一定的受动性和可塑性，但同时也是有思想、有意志、有情感的人，具有人的主体性而并非完全的被动客体。尤其是在全过程人民民主不断发展和新媒体技术日新月异的当今时代，以人民为中心的发展思想和“四全”媒体的传播生态赋予了“寻常百姓”全新的主体地位。这就要求在理论宣讲过程中，传播者应尊重人民群众的主体地位，深入了解不同受众群体的多元化诉求，注重人民群众对理论宣讲的参与感和获得感，精心设计如“讲、演、议、评”等互动环节，增强宣讲员与听众的平等交流，提高理论传播的生动性和感染力，使人民群众真正成为党的创新理论的主人。

（张勇锋　华东政法大学传播学院教授）

把学思想作为首位任务贯穿始终

当前，第二批学习贯彻习近平新时代中国特色社会主义思想主题教育正在省以下各级机关及其直属单位和其他基层党组织开展。开展第二批主题教育，要牢牢把握深入学习贯彻习近平新时代中国特色社会主义思想这一主题主线和根本任务，切实把“学思想”作为首位任务贯穿始终，坚持教育实践两手抓、两促进，引导党员、干部持续在以学铸魂、以学增智、以学正风、以学促干上下功夫。

理论上清醒，政治上才能坚定，行动上才能自觉。“学思想、强党性、重实践、建新功”，学思想是主题教育总要求的首位要求，也是首位任务，必须贯穿主题教育的始终，牢牢把握、扎实推进。

习近平新时代中国特色社会主义思想是当代中国马克思主义、21 世纪马克思主义，是中华文化和中国精神的时代精华，实现了马克思主义中国化时代化新的飞跃。开展主题教育，就是要让广大党员干部用马克思主义中国化时代化的最新成果武装头脑，进一步深刻领悟“两个确立”的决定性意义、更加自觉做到“两个维护”，充分认识习近平新时代中国特色社会主义思想在强国建设、民族复兴伟大征程上的思想指导和行动指南地位，不断增进对党的创新理论的政治认同、思想认同、理论认同、情感认同，在以学铸魂、以学增智、以学正风、以学促干方面取得实实在在的效果。

面对错综复杂的国际国内形势、艰巨繁重的改革发展稳定任务、各种不确定难预料的风险挑战，就必须坚持不懈用马克思主义中国化时代化的最新成果凝心铸魂、指导工作，这是全党开展主题教育的目的所在。学思想，要使全党同志全面系统掌握习近平新时代中国特色社会主义思想的基本观点、科学体系，努力掌握这一科学思想的世界观和方法论，善于运用贯穿其中的立场观点方法分析问题，真正把马克思主义看家本领学到手，不断提高运用习近平新时代中国特色社会主义思想指导我们应对重大挑战、抵御重大风险、克服重大阻力、化解重大矛盾、解决重大问题的能力。

第二批主题教育的突出特点是层级下移，参加单位人员范围广、类型多、数量大，可以说是直面基层一线。面对新任务，把学思想作为首位任务贯穿主题教育始终，就要深入总结、系统用好第一批主题教育的好经验、好学法，在学习的“走心”“走深”“走实”上下功夫，做到学习贯穿全过程、覆盖全领域；要将本地区本部门的实际工作和习近平总书记相关重要论述对标对表，深刻检视问题，及时校正偏差；要结合本地区本部门的实际情况，创新学习方法、严肃学习风气，切忌只讲过程不讲结果，只重形式不重效果，防止出现把理论学习作为阶段性任务，切实把学习成果转化为干事创业的实际本领。

理论的价值在于指导实践，学习的目的全在于运用。深入开展主题教育，要吃透习近平新时代中国特色社会主义思想的精髓要义，以思想力量激扬奋进力量，以理论主动把握历史主动，踔厉奋发，勇毅前行，在全面推进中国式现代化建设的伟大征途上，努力创造经得起历史和人民检验的实绩。

（新华社记者　徐扬）

福建省寿宁县下党乡党委：学理论破难题促发展 扎实推进主题教育

第二批学习贯彻习近平新时代中国特色社会主义思想主题教育开展以来，福建省宁德市寿宁县下党乡党委和党员干部牢牢把握“学思想、强党性、重实践、建新功”总要求，坚持把运用好“四下基层”制度、深入学习贯彻习近平总书记给下党乡乡亲们的重要回信精神贯通落实到主题教育全过程，推动理论学习、干事创业、检视整改等各项重点措施落实落地。

精心部署，上下联动抓实理论学习。第二批主题教育启动以来，下党乡党委制定工作方案，召开培训会、座谈会等 10 多场次，并印发《主题教育应知应会》手册；推动党员干部“入村导学”，30 多名包村领导、包村干部等进村入户，依托“三会一课”、主题党日等，发挥领学促学、督促指导作用；在微信公众号“故事下党”每天向党员推送 3 到 5 篇主题教育“有声书”；用好乡村课堂、邻里夜谈、企业“车间课堂”等载体，以务实管用的方式推进宣传党的路线、方针、政策下基层，推动主题教育理论学习全覆盖。

习近平总书记在闽工作期间曾“三进下党”，访贫问苦、现场办公。2019 年 8 月，习近平总书记给下党乡的乡亲们回信，祝贺他们实现了脱贫，鼓励他们发扬滴水穿石精神，走好乡村振兴之路。

下党乡党委坚持以学促干，持续推动党员干部干事创业，加快推进乡村振兴。茶产业是下党乡的主导产业，是村民最主要的收入来源。下党村党支部书记王明秀介绍说，乡党委不断推进可视化“扶贫定制茶园”发展壮大。目前，全乡已有近4000亩定制茶园，吸纳616户农户加入，吸引了一大批企业认租，认租方在手机App上通过视频直播随时查看茶山和茶厂。每亩茶园年收入从2000多元增加到6000元，村集体年增收10万元以上。

通过出台发展特色优势产业的奖补办法等政策，下党乡持续推动康养旅游和高山茶叶、优质水果、食用菌、林下经济“1+4”特色产业发展。主题教育开展以来，已完成产业发展项目3个。

产业活起来吸引不少“新村民”和在外村民返乡创业。下党乡党委深入调查研究，针对创业初期的困难，因地制宜地提供暖心帮扶。“新村民”夏美雄在下党乡做起网络直播，销售当地高山茶、土特产。他说，相关部门不但免去直播间场地一年租金和水电费，每月还给予每个创业者800元生活补贴，“创业有了更多底气”。

下党乡党委坚持边学习、边对照、边检视、边整改，把实的要求贯穿主题教育全过程。第二批主题教育开展以来，乡党委班子成员带头，采取个别访谈、召开座谈会、定期进村接访等多种方式，让群众打开“大门”，敞开“心扉”；围绕村庄规划、人居环境整治、基础设施建设、安全生产等问题，广泛征求群众意见，认真检视。全面梳理汇总乡级热点难点问题9个，专项整治项目1个，村级问题33个。针对问题清单，提出整改措施，明确整改目标、整改时限和责任班子、责任人。截至目前，乡级问题已整治销号9个，村级问题已整治销号26个。

寿宁县委宣传部部长、下党乡党委书记项忠红说，下一步，乡党委将继续坚持问题导向和目标导向，把主题教育学习成果转化为干事创业的强大动力，全力以赴解难题促发展，努力走出一条具有闽东特色的乡村振兴之路。

（新华社记者　董建国）

创新“宣讲+”模式
让理论宣讲“活”起来

近日，在河北省沽源县高山堡乡元房子村委会广场，一场基层理论宣讲活动正如火如荼地进行着。村委干部、党员群众围坐一圈，元房子村新时代文明实践站宣讲志愿者乔淑萍正在用通俗易懂的话语将党的二十大精神和新政策以贴近群众生活、易于群众理解的形式传达给基层群众。“现在村民在家门口就能第一时间了解到党和政府惠农富农好政策，宣讲浅显易懂，深入人心。”听完志愿者的宣讲后，村党支部书记车鹏程感叹不已。

2023年以来，该县擦亮“声韵沽源”理论宣讲名片，持续建强宣讲队伍，积极创新理论宣讲载体，丰富宣讲形式，探索“宣讲+”模式。全县组建以基层党组织书记、乡村振兴带头人等为主力的10余支宣讲队伍，依托“县、乡镇（街道）、村（社区）”三级平台，广泛开展各类主题宣讲活动，同时紧盯群众需求开展分层分类的“精准滴灌”，让老百姓在家门口就能听到党的声音。此外，该县还创新多种宣讲形式，宣讲员用亲切“家常话”讲党的“新政策”，群众畅所欲言谈体会，线上线下开展党的创新理论宣讲活动1500余场，受众6万余人，让基层宣讲接地气、暖人心。

“宣讲+阵地”，依托新时代文明实践中心（站、所）、村党群服务中心等基层文化阵地，动员道德模范、致富能手、退休老干部等，采取“板凳式”“走访式”“座谈式”等形式进行宣讲；“宣讲+文艺”，积极开展“文化进万家”

群众性文化活动，将党的政策方针、红色历史文化融入群众喜闻乐见的文艺节目中，做好文艺搭台、理论唱戏，推动党的创新理论"飞入寻常百姓家"；"宣讲+政策"，组织理论宣讲员进村入户、深入田间地头，结合群众关切，讲耕地保护、种粮补贴、农牧业科技等政策，讲防汛自救、防范电信诈骗等知识，让宣讲走"新"更走"心"。

（梁志刚、杨晓璐）

聚焦“讲什么”“如何讲”“谁来讲”做好基层理论宣讲

基层理论宣讲是推动党的创新理论深入一线、深入群众、深入人心的重要途径，是打通理论宣传“最后一公里”的有效手段。当前，全国上下正在大力开展习近平新时代中国特色社会主义思想和党的二十大精神理论宣讲工作，要奏响基层理论宣讲最强音，聚焦“讲什么”“如何讲”“谁来讲”的根本性问题，使宣讲内容“实起来”，宣讲方式“活起来”，宣讲队伍“强起来”，推动党的创新理论真正“飞入寻常百姓家”。

突出“三性统一”，让宣讲内容“实起来”。面向基层人民群众开展党的创新理论宣讲，要坚持“内容为王”，突出政治性、建设性和针对性，让宣讲内容“实起来”。首先，突出政治性。政治引领是理论宣讲的基本功能。理论宣讲内容要全面围绕习近平新时代中国特色社会主义思想的科学体系和基本观点展开，讲清楚贯穿其中的立场、观点、方法，讲清楚党中央大政方针和决策部署，以透彻的学理分析回应人民诉求，以强大的真理力量引导人民实践。引导人民群众自觉做习近平新时代中国特色社会主义思想的坚定信仰者和忠实践行者。其次，突出建设性。理论宣讲的任务是传导主流意识形态，传播马克思主义的立场、观点、方法。面对当前国际国内的复杂形势与中国的日益发展壮大，“唱衰中国”的论调在西方一些媒体中此起彼伏，他们炮制谣言、扭曲事实，不断批判中国的政治制度，丑化中国的国际形象，奢望以错误的社会思潮误导人民群众。基层理论宣讲要针对这些论调和思潮，开展“建设性”的批判与引导，运用确凿的历史事实，特别是新时代取得的历史性成就和发展性变革，通过具体、生动和深入的纵横比较，把中国共产党为什么能、马克思主义为什么行、中国特色社会主义为什么好等重大理论和现实问题讲深、讲透。同时引导人民群众理性分析现实问题，在辨明大是大非、真假黑白中，坚定对马克思主义的信仰、对中国特色社会主义的信念、对实现中华民族伟大复兴中国梦的信心。最后，突出针对性。理论宣讲的内容既要“顶天”又要“立地”，要针对不同行业、不同职业、不同地区的群体，选择不同的内容。在开展理论宣讲之前先开展调查研究，了解不同宣讲受众的思想状况，聚焦人民群众生活的“急难愁盼”问题，紧扣人民群众关心关注的热点难点堵点问题，对宣讲内容进行“精准加工”。将枯燥无味的文件语言变成富有“百姓味”“时代味”“真理味”的生动讲述，真正让新时代党的创新理论宣讲工作“燃”起来，让人民群众坐得下、听得进、弄得懂、记得牢，实现入脑入心。

聚焦“联网上线”，让宣讲方式“活起来”。基层理论宣讲的对象是人民群众，人民群众在哪里，我们的价值引导工作重点就要在哪里。互联网突破了人民群众工作、生活和娱乐的传统边界，对人民群众的影响越来越大。人民群众几乎无人不网、无日不网、无处不网。从一定意义上说，谁赢得了互联网，谁就赢得了人民群众。新时代党的创新理论宣讲要注重运用新媒体新技术，推动传统宣讲方式同信息技术高度融合，使党的创新理论“联网上线”，增强时代感和吸引力。以基层人民群众用得最多的微信平台为例，要注重发挥微信平台的优势，做到以下几点。一是“全时空陪伴”。利用微信平台不受时空限制的优势，构建党的创新理论“微”宣传栏目，设立“微思想”“微人物”“微活动”“微实践”“微文化”等专题，借助主流媒体制作的《红色记忆》《领航》《人民领袖》等微传播作品，采用微电影、动漫、音乐、短视频、摄影、网文、公益广告等人民群众喜闻乐见的网络文化传播形式，通过朋友圈、公众号广泛宣传，让习近平新时代中国特色社会主义思想“全时空陪伴”在人民群众身边，达到“润物细无声”的宣传效果。二是“全过程互动”。利用微信平台可以用视频、语音、文字、图片等进行实时沟通的优势，通过视频通话主题互动、移动虚拟主题互动、趣味语音主题互动等“全过程互动”方式，激发人民群众的积极性和主动性，创造“亲密无间”的新态势，形成“知心知己”的好氛围，让党的创新理论宣传保持“原味”、留存“真味”、增添“趣味”，将习近平新时代中国特色社会主义思想从“指尖”传递到人民群众“心间”。三是“全方位浸润”。利用微信平台的“微传播+”优势，在全面、准确、生动宣传党的创新理论的基础上，有机结合乡村振兴、美丽中国、民族团结、边疆发展等社会热词，融汇民族语言和节庆风俗，针对不同受众群体设计微“营养大餐”，使党的创新理论“全方位浸润”人民群众生活，实现党的创新理论宣传“高度”与“温度”的统一。

注重“多元融合”，让宣讲队伍“强起来”。做好新时代基层理论宣讲，关键在人。树立“人人都是理论宣讲师、处处都是理论宣讲地”的“大宣传”理念，构建“领导干部+专家学者+各界精英”的“多元主体”共讲共话新格局。一是领导干部讲政策。充分发挥领导干部在政治、阅历方面的优势，从“顶层设计”的高度向老百姓讲解国情、党情、社情、民情，引导群众全面正确地理解党的路线、方针、政策，不断增强对党和政府的信任感，拉近与党和政府的距离。二是专家学者讲理论。党的创新理论宣讲，不能脱离讲理论本身。马克思说：“理论只要说服人，就能掌握群众；而理论只要彻底，就能说服人。”因此，要选派具有深厚马克思主义理论功底的专家学者来讲理论，将习近平新时代中国特色社会主义思想的核心要义讲清楚，将贯穿其中的立场观点方法讲透彻，坚持以彻底的理论阐释说服群众，以辩证的学理分析引导群众。三是各界精英讲故事。聘请科学家、老同志、先进模范等各界精英担任宣讲团成员，推动形成“科学家讲奉献、老同志讲情怀、先进模范讲事迹”的良好氛围，将“天下事”讲成“身边事”，把“书面语”译成“土味语”，用“小切口”反映“大主题”，用“小故事”阐释“大道理”，让人民群众在“身临其境”“感同身受”中产生共情，从而激活“末梢神经”，掀起习近平新时代中国特色社会主义思想大学习热潮。

（张莉　广西壮族自治区党委教育工委宣传部副部长、教育厅思政处副处长，研究员）

理论宣讲接地气　服务群众零距离

“北京东、天津西，潮白河畔这片土地，协同发展让这里日新月异，大家听我说一段燕郊传奇……”作为扎根基层的理论宣讲达人，三河市迎宾北路街道宣传中心工作人员周瑞宇走遍燕郊镇，自创网络视频节目《燕郊传奇》已更新 120 余期。截至 11 月 8 日，播放量超 310 万次。

“一把折扇、一件长衫、一部手机，就是录制视频的全部家当。”周瑞宇说，他把时代印记、传统文化、“非遗”元素融入作品，让理论宣讲更有力量。这个“90 后”年轻人，以新潮时尚的形式为廊坊市“理响为民”理论宣讲实力“圈粉”。

“‘理’是党的创新理论，‘响’是宣讲在群众中引起共鸣，‘为民’则代表始终以人民为中心、为人民服务。”廊坊市委宣传部常务副部长高慧聪介绍，2023 年以来，廊坊市扎实开展“理响为民”理论宣讲，充分发挥资源、路径、阵地三大优势，着力推进党的创新理论“六进”全覆盖，累计开展各级宣讲 8900 余场次，受众超 700 万人次。

宣讲接地气有人气，激发干部群众学习热情

2023 年 10 月 31 日，诗歌朗诵文艺宣讲会在广阳区南尖塔镇举行。《秋天里的中国》等节目轮番上演，鲜明的主题加上新颖的表演形式，赢得现场群众阵阵掌声。

“理论 + 文艺”宣讲，是廊坊市丰富理论宣讲形式的创新探索。2023 年以来，市县两级“理响为民”文艺宣讲团（分队）通过京东大鼓、燕山大板、戏曲歌舞等形式，深入农村、社区、工厂等开展文艺宣讲 1130 余场。同时，策划推出 20 余场市级音乐思政示范课，“音乐 + 思政”沉浸式体验，激发了广大党员群众理论学习热情。

“理论宣讲不仅要有高度，更要接地气。”高慧聪介绍，廊坊市坚持宣讲通俗化大众化方向，着力构建领导带头、专家示范、四级联动、全员参与、数字赋能的大宣讲格局，采取“理论 + 文艺”“线上 + 线下”“群体 + 特色”等模式，组织举办“理响为民 · 月讲月响”系列活动，实现上下联动、合力推进。

“传承和发展中华优秀传统文化，能够让我们在广阔文化空间中，更好担负起新的文化使命。”10 月 31 日，廊坊市“理响为民”宣讲团特邀宣讲员、河北工业大学教授苑帅民以云端授课方式宣讲党的创新理论，吸引近万名党员干部群众在线收听收看。

举办“理响为民”云课堂，是廊坊市打破空间限制、打通宣讲“最后一公里”的新路径。截至目前，该市围绕推进中国式现代化、大兴调查研究等主题以及廊坊当前重点工作，举办“理响为民”云课堂 32 期，惠及党员群众 54 万人次。

坚持“线上 + 线下”宣讲，该市组建“劳模专家走基层”宣讲团，到基层一线宣讲 62 场次，组织开展“廊坊故事汇”群众宣讲 1000 余场次。依托廊坊大讲堂网站等，推出“新时代廊坊老班长向党说”“新时代廊坊青年说”等融媒体产品 60 余个，推动理论宣讲有声势、广覆盖、见成效。

发挥群体优势，展现宣讲特色，廊坊市组织优秀妇联干部开展“巾帼大学习大宣讲”707 场次；300 余名优秀退役军人组建 40 余支“老班长红色宣讲团”，开展主题宣讲 230 余场次；举办“青春有为、强国有我”巡回宣讲进校园活动，走进廊坊师范学院、北华航天工业学院等 6 所高校，让党的创新理论在广大师生心中落地、生根、开花、结果。

党员干部带头讲、理论专家系统讲、文艺骨干艺术讲、好人好事百姓讲、特色群体集中讲、全媒应用融合讲……今年以来，廊坊市坚持每月有主题，凸显小而精、鲜而活，有力推动党的创新理论“飞入寻常百姓家”。

依托“一县一品”，打造基层宣讲品牌矩阵

“1944年3月，冀中第十军分区警卫连、机关干部等70余人在开辟敌后新区途中，遭遇日伪军重兵合围，在林子里村激战两天一夜。弹药不足的情况下，战士们手边的锄头、铁锹、钢叉成了肉搏战的有力武器，英勇打退敌人多次进攻。最终因敌我力量悬殊，有72位战士牺牲在这里……”11月6日，在固安县林子里烈士陵园纪念馆，县“理响为民”青年宣讲团成员王晓丽为100余名党员干部带来了一场声情并茂的讲解。

2023年以来，固安县利用林子里烈士陵园纪念馆、刘凌沧郭慕熙艺术馆等红色资源，通过参观革命遗迹等形式，打造“红色实景课堂”。如今，已开展宣讲320余场次，沉浸式体验让理论宣讲走“新”更走“心”。

聚焦地域宣讲特色，鼓励挖潜赋能，廊坊市大力实施“一县一品”示范带动工程，解决填鸭灌输、浮于表面等问题，提升宣讲吸引力、感染力、影响力，让群众坐得下、听得进、记得牢。

11月1日，在文安县大柳河镇吴石槽村，“大清河畔讲故事”宣讲团成员孟铃雪跟村民围坐在一起，讲解党的最新惠农政策。

“这样的宣讲很接地气，我们将根据村情民情，进一步发展乡村产业、优化乡村环境，齐心协力打造宜居宜业和美乡村。”吴石槽村党支部书记王继春说。

依托“大清河畔讲故事”基层宣讲品牌，文安县以家庭院落、田间地头、企业车间等为阵地，采取谈心交流、你问我答、交互式聊天等形式，面对面把理论讲透、心贴心把政策说清、实打实把办法留下。

2023年以来，廊坊市10个县（市、区）和廊坊开发区、廊坊临空经济区立足特色优势，不断丰富宣讲方式方法，“一县一品”让基层理论宣讲持续升温。

在广阳区奶字房村蔬菜大棚里，区委“红提包”专家宣讲团成员、区委党校专职教师袁娜把党的创新理论化作百姓语言，和群众唠家常、畅聊农村现代化；在香河县北运河中心码头，“香音传理”文艺宣讲小分队带来自编自演的歌曲、舞蹈、京东大鼓，将党的创新理论用群众喜闻乐见的方式唱出来；在永清县润心书屋，刚放学的孩子们围坐在一起，县委党校教师贺向丽讲起红色故事读本，像这样的公益书屋，已开办 4 个，接待读者 3 万余人次；霸州市以新时代文明实践站为阵地，为群众提供理论宣讲志愿服务，目前已开展线上线下宣讲 300 余场次，参与群众 1.8 万余人次。

在理论宣讲实践中，广阳区“红提包”宣讲、永清县“润心”宣讲、固安县“理论宣讲直通车”、香河县“香音传理”文艺宣讲等一批基层宣讲品牌，初步形成本土化、特色化基层宣讲品牌矩阵，成为全市基层理论宣讲的有生力量和亮丽风景。

“宣讲 +”赋能各行各业，真情服务凝聚人心

2023 年以来，廊坊市聚焦“心为民想、理为民响、效为民享”，围绕发现问题、解决问题，将理论宣讲融入各项具体工作之中，以“宣讲 +”为各行各业赋能，切实让理论宣讲与人民群众共情共融。

“我们将理论宣讲融入社区治理，有效解决电动车充电棚设置、流浪狗安置等问题 1280 余件。”广阳区馨境界社区党委书记兼居委会主任张静说，社区在为群众办实事过程中，让党的创新理论在真情服务中获得群众认同。

围绕为民释惑、为民解忧，廊坊市征集干部群众需求 1336 条（次），精心设计经济发展、社会治理、医疗卫生等 9 大类 103 项宣讲活动，广泛开展对象化、分众化、互动化理论宣传普及，以“宣讲 + 服务”赢得百姓心服、信服。

在凝聚发展合力上，廊坊市将理论宣讲与基层组织建设、服务群众生活、社区文明创建等实际工作紧密结合，做到理论宣讲在一线、答疑释惑在一线、解决问题在一线，既突出党的创新理论凝聚力，又转化为解决实际问题方式

方法。

大厂回族自治县夏垫镇在开展“理响为民”理论宣讲中，不断深化“群众说事、干部解题”机制，在解决群众急难愁盼的同时宣传党的创新理论。2023 年以来，该镇已受理群众说事 667 件，解题 642 件，办结率和满意率都在 96% 以上。

安次区税务部门将理论宣讲与建设“枫桥式”税务机关紧密结合，组建税务服务团队，细化 12 项征管前移业务“最多跑一次”流程。目前，调解涉税争议纠纷 50 余件，调解满意率达 100%。

2023 年以来，大城县医院“理响为民”平舒宣讲服务小分队深入村街社区 30 余次，面对面讲解医疗惠民政策、健康生活知识，免费提供心电图、血糖检测等服务，以“宣讲 + 服务”助力健康廊坊建设。

“群众需要什么，就讲什么。理论宣讲贴实际，服务群众零距离，我们找到了打通理论宣传‘最后一公里’的有效路径。”高慧聪介绍，廊坊市将在全市开展“理响为民”百场宣讲进基层活动，坚持小故事讲述大道理、小切口阐述大民生，努力把党的创新理论讲到百姓心窝里，把为民服务做到百姓心坎上。

（河北日报记者　刘杰）

毕节推动“理论宣传二人讲”在市直机关走深走实

“‘乌蒙山连着山外山，月光洒下了响水滩……’这首满是毕节元素的神曲，在全网冲上百亿级播放量，地处乌蒙腹地的毕节也再一次成为全网热点，但作为全网焦点的毕节，曾经却是我国集中连片特困地区中贫困人口最多的地区，也是全国唯一一个以‘开发扶贫、生态建设’为主题的试验区。”宣讲员张鑫动情地讲道。一场“理论宣传二人讲”宣讲在毕节市直机关展开。

“一人讲理论，一人讲实践，通过理论的讲解和实例的说明，很好展现了毕节市在乡村振兴中取得的丰硕成果，很是振奋人心！”“听了今天的宣讲，我觉得干劲更足了，我们要努力工作，在毕节乡村振兴美丽新画卷上增添自己的色彩！”听了宣讲的党员干部纷纷表示。

毕节市直机关工委按照市委的安排部署，多举措推动“理论宣传二人讲”在市直机关走深走实，让党的创新理论不断“飞入寻常百姓家”。

组建一批宣讲队伍。党的二十大以来，市直机关工委按照政治素质高、宣讲经验丰富、业务能力强的要求，在市直机关组建了“理论宣传二人讲”宣讲组50余支，精挑细选2支宣讲队伍参加毕节市讲师团到各县（市、区）、市直各单位开展宣讲。并督促指导市直重点行业部门结合本系统实际，积极组建“理论宣传二人讲”宣讲队伍、撰写“理论宣传二人讲”宣讲稿，在“四下基层”工作中开展宣传宣讲。

参加一次业务培训。选拔“理论宣传二人讲”宣讲员参加毕节市基层理论宣讲能力提升培训班的培训，重点学习了宣讲能力的培养与提升、如何做好理论宣讲志愿服务者、如何做好基层宣讲、宣讲员理论、沟通、表达和互动能力提升等宣传宣讲方面的知识，提升宣讲队伍素质，帮助宣讲员把握宣讲重点、找准宣讲方法、达到宣讲目标。

开展一轮理论宣讲。毕节市直机关2支“理论宣传二人讲”队伍，用通俗易懂的语言和鲜活生动的实例，围绕党的二十大精神等内容开展宣讲，将理论与实践紧密结合，通过深入浅出的语言对习近平新时代中国特色社会主义思想进行深入解读，充分发挥市直宣讲团在“四下基层”工作中开展宣讲工作的作用。截至目前，已开展宣讲15场，覆盖市直机关干部职工2582人次。

（新华网记者　蒋成）

贵州铜仁：理论“飞入”百姓家，精神文明盛开花

“继续深化农村改革，增强农业农村发展内在活力”“实现巩固拓展脱贫攻坚成果同乡村振兴有效衔接”……早上8点，贵州省铜仁市沿河土家族自治县土地坳镇沙湾村新时代文明实践站准时播报“沙湾快讯”，为村民送上一份“政策早餐”。

土地坳镇副镇长、沙湾村党支部书记晏旭坤说，通过这样的方式，让各方面创新理论“飞入”寻常百姓家，让村民真正懂政策、讲政策、用政策。不仅如此，在村里还可以看到一些通俗易懂的标语，“室内室外扫干净，身体健康少生病”，精神文明建设也在逐步加强。

近年来，铜仁市以新时代文明实践站、实践中心为平台，组织干部、专家、志愿者以播报信息、编排山歌、进村家访等方式开展宣讲、宣传活动，让党的创新理论走进千家万户、走入群众心间。

每当夜幕降临，铜仁市玉屏侗族自治县县城的街心花园里，侗家山歌的旋律此起彼伏，吸引不少群众驻足。这是玉屏县山歌志愿服务队以唱山歌这种大家喜闻乐见的方式，宣传各种理论和政策。

玉屏县山歌志愿服务队队长姚茂祯说，我们通过将党的理论、政策唱进山歌里，让群众能够轻松理解、深刻吸收，并在各自的工作上、生活中真正做到听党话、跟党走。

玉屏县位于贵州和湖南交界的地方，80% 以上是侗族，他们在歌舞表演方面很有天赋。唱侗歌宣讲，自然是最接地气、最具传播力的形式之一。过去，闲来无事时，村民坐在一起谈论东家长西家短；现在，村民一起编排山歌并进行演唱，不仅让大家相处更融洽，还让理论、政策落地生根、开花结果。

"我要谢谢你，因为有你……"一阵欢快动听的歌声从铜仁市万山区旺家花园社区"四点半课堂"传来，教室里，志愿者吴晓庆正在教孩子们跳舞。

吴晓庆大学毕业后回到万山区，和很多志愿者一起加入这里的新时代文明实践中心。作为新时代文明实践中心的主体力量，他们积极投身实践，或到"四点半课堂"辅导孩子功课，或为基层群众宣讲理论、政策，一抹"志愿红"随处可见。"像晓庆这样的志愿者对我们很照顾，经常到家里走访，了解我们的生活，给我们提供帮助。"说起志愿服务，万山区居民王仙竖起了大拇指。

说起新时代文明实践站的积极作用，万山区高楼坪侗族乡青年湖村驻村干部谢飞翔连连称赞："自从有了新时代文明实践站，村里各种活动就多了起来，大家参与的积极性也提高了，培养了文明习惯，精神面貌也焕然一新。"

截至目前，铜仁市共建设新时代文明实践中心 10 个、实践所 68 个、实践站 410 个，实现了 144 个易地扶贫搬迁安置点文明实践场所全覆盖。

（新华社）

第三章

“调查研究下基层”：

从“问题”到“破题”，让社情民意在基层一线掌握

扫一扫，观看

《以调查研究新作为持续推动主题教育走深走实》

新形势下怎样做好高质量调查研究报道

习近平总书记强调，调查研究是谋事之基、成事之道，没有调查就没有发言权，没有调查就没有决策权；正确的决策离不开调查研究，正确的贯彻落实同样也离不开调查研究；调查研究是获得真知灼见的源头活水，是做好工作的基本功。这些重要指示，深刻阐明了调查研究的极端重要性，为全党大兴调查研究、做好各项工作提供了根本遵循。

调查研究是党的传家宝，也是新闻工作者的基本功。有成就的记者编辑，都具有深厚的调研功力；有深度、有力度、有温度的名篇佳作，也植根于调查研究。助力中国式现代化建设，适应舆论生态深刻变革，调查研究报道的任务在加重、方法在调整、难度在提高，广大采编人员必须更新观念、丰富手段、身到心入，以更为扎实的调研基本功创作出无愧于时代的高品质新闻作品。

现实需要高质量调查研究报道

长期以来，调查研究报道是广受读者欢迎的新闻品类，一些深度调研报道产生了广泛社会影响。新形势下，对于高质量调查研究报道的需求更加迫切，主要表现在：

履行职责使命。当今世界正经历百年未有之大变局，我国发展的内部条件和外部环境正在发生深刻复杂变化，媒体格局和舆论生态发生深刻变革，践行“四力”要求、加强深度调研是时代要求我们必须回答好的重大命题。

记者是时代风云的记录者，也是时代变迁的观察者。新时代以来，党和国家事业取得历史性成就、发生历史性变革。身处其中，我们迫切需要深入基层、深入实践、深入群众，感受时代脉搏，书写时代风貌。

当前，我国发展面临新的战略机遇、新的战略任务、新的战略阶段、新的战略要求、新的战略环境，在全面建设社会主义现代化国家新征程上，不少深层次矛盾躲不开、绕不过，很多重大课题亟待破解。现实迫切要求新闻媒体做好调查研究，提供更多高质量的调研报道。

实践是最好的老师。坚持问题导向和目标导向，调查研究报道要努力做到在调查过程中，善于发现问题，把情况摸透、把问题找准；在研究过程中，不断抽丝剥茧、去伪存真，提炼典型经验，提出解决问题的思路办法；在报道过程中，创新话语表达方式，增强报道的传播力、感染力、影响力。

满足读者需求。在互联网时代，新闻量大面广，受众往往承受信息超载。同时，凌乱、浅表的信息妨碍公众了解事物的全貌、真相。在此背景下，能够聚焦公众关切、反映事物全貌、揭示逻辑本质的高质量调查研究报道，成为“稀缺品”。

以热点事件为例，短时间内信息需求大量出现，报道集中推出。仔细分析会发现，存在产品结构不平衡的问题，反映事件动态的消息居多，往“深”里走的调研报道相对较少。

热点之所以热，是因为公众对事件存在诸多急切需要解答的疑惑。动态消息可以及时反映事件进展，却难以反映其全貌，更无法揭示内在深层逻辑，无法有针对性地回应公众关切。

净化舆论生态。当前，网络舆论复杂多变，舆情热点接连不断。面对同一事件，由于利益、价值、见识、阶层等“圈层化”因素影响，往往众声喧哗。社交媒体数量众多、鱼龙混杂，有的为吸引流量而传播不经核实的信息甚至谣言。复杂的舆论环境，需要主流媒体积极介入舆情争议点，深入调查研究，用客观、真实的高质量报道有力引导舆论。

2022 年“丰县生育八孩女子”事件发生后，网络舆论持续发酵，各种谣言、猜测不断出现。新华社记者赶赴现场调查，独家采访核心当事人，最终以独立调查加专访“十三问”的形式，系统回应社会公众关切的焦点问题。稿件发出后迅速“刷屏”，各种不实信息偃旗息鼓。在复杂的舆论场，我们的报道起到了一锤定音的效果。

值得注意的是，当热点事件发生后，一些社交媒体会迅速跟进，主动抛出话题，引发热议。有些问题荒谬失真，但由于其处于“首发”地位，往往在舆论场引发关注。这种现象提示我们，主流媒体的调查研究报道不应处于被动应对状态，或是在舆论场已经沸沸扬扬之后才登场以正视听。我们需要主动设置议题，提高热点引导能力。

做好高质量调查研究报道面临新挑战

调查研究是新华社记者的基本功。在长期报道实践中，采编人员积累了优良传统、鲜活经验、有效方法。同时，也要看到，面对新形势新任务，高质量做好调查研究报道还面临不少挑战。

外部环境的变化给新闻工作者开展调查研究带来一系列新的挑战。应对挑战，最大的制约在于本领恐慌，关键是要“修炼内功”。政策水平、知识储备、逻辑思维能力、语言表达能力、生活阅历……调查研究报道对记者编辑综合素质的要求相对较高。采编人员能力和作风上的差距，直接影响调查研究报道质量的提升。

学习不够。调查研究，学习是基础。没有正确的理论指导和科学的世界观、方法论，调查研究无法沿着正确方向进行。习近平新时代中国特色社会主义思想既为新闻工作者提供了开展调查研究的思想武器，又为我们指明了调查研究的重大方向和关键领域。2023 年 3 月，中办印发的《关于在全党大兴调查研究的工作方案》提出，在全党大兴调查研究，要紧紧围绕全面贯彻落实党的二十大精神、推动高质量发展，直奔问题去，实行问题大梳理、难题大排查，着力打通贯彻执行中的堵点淤点难点。工作方案结合实际提出了12个方面的问题作为调研主要内容。这正是新闻媒体调查研究报道的选题方向。

在学习和运用党的创新理论研究新情况、解决新问题、总结新经验、探索新规律方面，我们尚有很大差距，特别是学习的系统性不够。不少采编人员“跑口”意识很强，往往只是摘到了自己领域里的“红苹果”，却不懂得只有把苹果挂回到树上去，才能看清自己的调研成果属于哪条枝干，与整棵大树是什么关系。

作风漂浮。有些采编人员特别是年轻编辑记者，成长于互联网时代，多是从家门到校门到单位门的“三门干部”，由于基层工作经验不足，群众工作方法单一，对深入基层一线实地调研的重要性和必要性体会不深刻、认识不到位。

一些采编人员长时间“宅”在高楼大厦，“浮”于文山会海，同基层干部群众和社会现实之间存在物理距离和情感距离，影响了他们捕捉线索、采访调研和写作稿件的立场、方法、态度和判断，从而导致一些调研稿件浮于表面，难以从现象到本质，更谈不上写到群众心里去。还有一些采编人员，人虽然到了基层，但心没有真正沉下去。采访之前功课没有做足，不能带着问题意识选点、选题、选方向，调查走马观花，研究稀里糊涂。

路径依赖。一些采编人员习惯于找采访对象要材料、拿通稿，缺少问题意识，既不开展调查，更谈不上研究。调查研究报道应聚焦现实问题。有问题就有利益冲突，不可能轻而易举地让你触及问题实质。调研报道对于采编人员的突破能力有很高要求。在突发事件、舆情热点报道中，很多记者接触不到核心当事人，拿不到关键证据，也就无法完成调查研究。即使是“正面典型调研”，如果不能透过现象看本质，写出的报道往往就是工作综述，缺乏逻辑和事例支撑，有的还会脱离实际，与百姓感受存在落差，甚至出现低级红、高级黑的现象。

努力推出更多高质量调查研究报道

当前，新华社正在按照党中央部署，深入开展学习贯彻习近平新时代中国特色社会主义思想主题教育，大力推进调查研究工作。

新华社党组要求我们，主动领题调研，把握调研重点和方向，紧紧围绕全面贯彻落实党的二十大精神、努力建成国际一流新型全媒体机构，着力做好事关全局的战略性调研、破解复杂难题的对策性调研、新时代新情况的前瞻性调研、重大工作项目的跟踪性调研、典型案例的解剖式调研、推动落实的督查式调研。在调研方式方法上，要多到困难多、群众意见集中、工作打不开局面的地方，抓住工作中的痛点堵点难点，体察实情、解剖麻雀，把问题研究透彻、把措施提准提实。

根据有关安排，新华社国内部正在开展一项重点调研课题——“推动新时代宣传思想工作高质量发展研究”。这是一项系统性调研，如何做出更多高质量调查研究报道是题中应有之义。

在长期的新闻实践中，新华社国内部形成了以中国新闻名专栏“新华视点”为代表的系列深度调研栏目，包括“新华调查”“财经聚焦”“生活观察”等。这些栏目成为组织策划调研报道的重要抓手。同时，我们围绕党和国家中心工作、经济社会发展热点难点问题以及人民群众的现实关切，动态进行调研策划，以采访小分队等形式，整合总社和分社采编力量，深入开展调查研究式报道。

如何评价调查研究报道的质量水平？《之江新语》开篇就为我们提供了答案——《调研工作务求“深、实、细、准、效”》。求深、求实、求细、求准、求效，正是调查研究报道实现高质量的努力方向和评判标准。

有三个方面值得重点思考。

提高政治站位，心怀“国之大者”。中央媒体开展调查研究报道，是深入宣传习近平新时代中国特色社会主义思想，反映各地各部门广大干部群众奋进新征程火热实践，服务党中央治国理政的一项重要使命。调研报道题目的选取策划，必须首先提高政治判断力、政治领悟力、政治执行力，把深刻领悟“两个确立”，坚决做到“两个维护”贯穿到调查研究全过程、各环节。

要立足“两个大局”，时刻关注党中央在关心什么、强调什么，深刻领会什么是党和国家最重要的利益、什么是最需要坚定维护的立场，把调研报道的题目融入党和国家发展大局中，提升调研报道的战略性价值和前瞻性意义。

2023年全国两会期间，习近平总书记在看望民建工商联界委员时，对正确引导民营经济健康发展、高质量发展作出重要指示，引发热烈反响。社会各界对民营经济发展关注度持续升温。随着经济社会发展，我国民营企业也发生了很大变化。有的企业变得家喻户晓，有的企业成长为行业领军者，还有不少企业具备了在全球市场与国际巨头“掰手腕”的能力，但民营企业发展也面临一些老问题、新情况。如何准确深入宣传贯彻党中央的大政方针，如何有针对性地解答民营企业生存发展过程中面临的现实问题，如何回应外界的种种关切，这些都离不开调查研究。

2023年4月上旬，新华社国内部记者深入江苏、浙江、湖北、福建、广东等地调研采访，倾听民营企业家心声，感知民营经济发展真实情景，小分队共调研25家民营企业，采访50多位企业家和地方政府部门负责人，采写推出《当前民营经济一线观察》等系列调研报道。稿件发出后被广泛转载，起到了权威解读中央政策，稳定预期、提振信心的积极作用。参加调研的一位记者在报道总结中写道：“我们深刻感受到深入一线之畅快，源头活水之‘解渴’，千锤百炼之艰辛。丰厚收获可喜，更宝贵的是加深了对调查研究规律的认识。这个规律不在巧，而在拙，这个拙就是笨功夫、苦功夫，体现在行前准备、采访、写作各个环节。”

切实做到“吃透两头”，接好“天线”和“地气”。近年来，新华社有不少调查研究报道产生广泛影响，得到上级肯定，受到广大读者好评。仔细分析，这些报道有一个共同特征，就是找准了贯彻党和国家大政方针与维护人民群众切身利益的结合点。这也是选准调研选题、有效提高调研报道质量的一个重要方法。

比如，在党中央推进长江大保护、为长江“治病”的大背景下，“新华视点”敏锐捕捉到“洞庭湖私家湖泊”的选题，记者通过深入细致采访调研，挖出了问题背后的关系网、利益链。稿件播发后，引起上级高度重视，当地私建矮围被迅速拆除，相关人员受到法律严肃惩处，人民群众拍手称快。

又如，2023 年是习近平总书记主持召开深入推进东北振兴座谈会 5 周年。“粮食安全”是习近平总书记对东北地区提出的“五大战略安全”之一，也是东北振兴战略的重要内容。4 月下旬起，以东北地区春耕备耕为时间节点，新华社国内部创意策划，组织开展了“黑土地上的耕耘”主题蹲点调研采访。小分队一路北上行进式采访，先后到辽吉黑三省的盘锦、长春、四平、吉林、哈尔滨、绥化等 6 个地市，深入小农户、农民种植专业合作社、稻米加工企业、农业科研院所等 10 多个采访点，与农民、育种专家、农业干部、企业经营者等 30 多位采访对象深入交流。在此基础上，形成主打稿《东北黑土地耕作新观察》和 5 篇蹲点调研系列报道，分别从种子、农民、黑土地保护、农业科技和小农户发展等不同侧面进行了全景式的报道。

值得一提的是，3 年来，广大干部群众在统筹疫情防控和经济社会发展的伟大实践中，积累了许多具有首创意义又行之有效的经验做法，为新闻工作者开展调查研究提供了丰厚土壤和鲜活样本。2023 年以来，采编人员到基层开展调研具备了条件，大家那股子劲头也一下子喷涌出来。新华社国内部作为组织指挥国内报道、负责编发 31 个国内分社稿件的编辑部，不仅要求总社“跑部委”的记者带着“接天线”的优势去基层“接地气”，而且要求编辑人员也都要带着策划选题，到分社去、到基层去。唯有如此，面对记者发到编辑部的稿子，才能编出温度、编出水准、编出高质量的调查研究报道。

打破路径依赖，努力实现调研创新。《关于在全党大兴调查研究的工作方案》提出，要做好新时代新情况的前瞻性调研。今日中国，日新月异。新技术、新行业、新领域、新业态不断涌现，传统领域也随着工业化、城镇化、信息化发展不断呈现新形态、新面貌、新形势。这就要求新闻工作者开展调查研究，必须要有新思路、新角度、新方法、新能力。与传统条件相比，采编人员要具备更强的去粗取精、去伪存真的能力。调研内容不仅要还原事物本来面貌，更要善于揭示发展趋势和规律。

特别要关注的是，人工智能给媒体行业带来的机遇和挑战。近年来，对新技术的广泛应用，已是不可改变的趋势。调查研究报道是传统新闻产品，但必须学会利用各种互联网信息新技术来提升调研效率和质量，如记者主动搜集、运用数据，用数据“说话”。目前，大数据已经成为科学研究新范式，调查研究报道也要使用更先进的数据搜索、统计技术，对海量数据进行挖掘分析，拓展调研范围，提高调研精度，努力实现调研创新。

（霍小光　新华通讯社国内部主任）

将调查研究发扬光大

“以这次主题教育为契机，将调查研究发扬光大”——习近平总书记2023年6月在内蒙古考察时，强调大兴务实之风，抓好调查研究，在察实情、出实招、求实效上下功夫。

当前，学习贯彻习近平新时代中国特色社会主义思想主题教育正在全党深入开展。在全党大兴调查研究，以深化调查研究推动解决发展难题，是这次主题教育的重要内容和鲜明特色。

回望党的百年奋斗史，调查研究是我们党的传家宝。从启航红船到领航巨轮，在深入开展调查研究的基础上制定和执行正确的路线和方针政策，让我们党牢牢把握历史主动，带领人民不断创造历史伟业。

实践发展永无止境，调查研究永远在路上。在强国建设、民族复兴的新征程上，如何进一步用好调查研究传家宝，让调查研究在新时代焕发新光彩？时代和人民期待着共产党人作出新的回答。

一

“你的工作场所使用的是煤气灯、煤油灯还是其他照明设备？”

“机器是专门雇工人来擦拭的呢，还是由使用机器的工人在工作日内无报酬地擦拭的？”

“开不开夜工？”……

这是140多年前，马克思为调查法国工人工作、生活情况而制作的《工人调查表》中的问题，一项一项非常具体，很接地气。

正如马克思所说：“一个不了解社会现状的人，更不会了解力求推翻这个社会的运动和这个革命运动在文献上的表现。”调查研究是马克思主义经典作家认识世界、改造世界的重要方法。马克思主义在调查研究的基础上产生，也在调查研究的基础上不断发展。

为了写《资本论》，马克思在近40年的时间里对资本主义社会进行了全面、系统、动态的调查研究，阅读了2000多册经济学著作，收集了4000多种报刊，还经常深入到工厂、农村进行实地调查。恩格斯用21个月时间在英国进行了广泛而深入的调查，访问工厂、矿山和工人家庭，与工人、医生、教师等广交朋友，搜集了大量第一手材料，写出了不朽之作《英国工人阶级状况》。

翻开我们党的历史，许多熠熠生辉的理论创新，许多影响深远的重大决策，无不源于深入扎实的调查研究。从石库门到天安门，从兴业路到复兴路，我们党一路走来，重视调查研究成为党的光荣传统和优良作风，大兴调查研究成为党带领人民不断取得胜利的重要法宝。

面对“红旗到底打得多久”的质疑，毛泽东同志立足中国大地、把握中国国情，科学回答了“中国的红色政权为什么能够存在”的重大问题，“星星之火，可以燎原”的信念在共产党人心中扎下根来。

面对“建设一个新世界”的课题，我们党开展大规模调查研究，严格区分和正确处理敌我矛盾和人民内部矛盾，正确处理我国社会主义建设的十大关系，探索适合中国国情的社会主义建设道路，党带领人民在社会主义革命和建设中取得独创性理论成果和巨大成就。

面对“建设什么样的社会主义、怎样建设社会主义”的时代之问，我们党深入开展调查研究，坚持实事求是、一切从实际出发，作出把党和国家工作中心转移到经济建设上来、实行改革开放的历史性决策，开启了改革开放和社会主义现代化建设新时期。

进入新时代，以习近平同志为核心的党中央高度重视调查研究工作，把调查研究作为我们党科学决策的重要依据、联系群众的重要途径、做好工作的重要方法、改进作风的重要环节，在全党大兴调查研究。党的十八大后出台的中央八项规定，第一条就是“改进调查研究”。从党的群众路线教育实践活动到“三严三实”专题教育，从“两学一做”学习教育到“不忘初心、牢记使命”主题教育，从党史学习教育到学习贯彻习近平新时代中国特色社会主义思想主题教育，每一次党内集中学习教育都对调查研究提出明确要求，做好调查研究成为重要内容。

回望党的奋斗历程，调查研究是洞察大势的“望远镜”，是破解难题的“金钥匙”，是科学决策的“地基桩”，是改进作风的“磨刀石”。什么时候全党从上到下重视并坚持和加强调查研究，党的工作决策和指导方针符合客观实际，党的事业就顺利发展。

毛泽东同志曾深刻指出：“中国革命斗争的胜利要靠中国同志了解中国情况。”何以“知中国”？调查研究，是马克思主义基本原理同中国具体实际、同中华优秀传统文化相结合的桥梁和纽带。实现“两个结合”、开辟马克思主义中国化时代化新境界，始终以调查研究为前提和依据。从毛泽东同志提出“没有调查，没有发言权”的重大命题，到邓小平同志指出要把调查研究“作为永远的、根本的工作方法”，再到习近平总书记作出“调查研究是我们党的传家宝，是做好各项工作的基本功”的深刻论断，重视调查研究、坚持理论联系实际，运用马克思主义的立场观点方法创造性地解决实践中的问题，是“中国共产党为什么能”的关键密码。

二

主题教育开展以来，习近平总书记以一次次深入而扎实的调研率先垂范。在广东，深入企业、港口、农村，同工人、农民、企业家、科技人员等亲切交流，为广东如何“在推进中国式现代化建设中走在前列”指明方向；在河北，探工地、看港口、进社区、问民生，主持召开两场座谈会，谋划高标准高质量推进雄安新区建设、推动京津冀协同发展；在北京，考察中国国家版本馆和中国历史研究院，出席文化传承发展座谈会并发表重要讲话；在内蒙古，深入自然保护区、现代农业示范园区、林场、水利部门等调研，主持召开加强荒漠化综合防治和推进“三北”等重点生态工程建设座谈会并发表重要讲话；在江苏，深入工业园区、企业、历史文化街区、科学实验室等进行调研，谋划谱写“强富美高”新江苏现代化建设新篇章；在四川，来到广元、德阳等地进行调研，部署推动新时代治蜀兴川再上新台阶……习近平总书记以一堂堂生动而深刻的“调研课”，教育引导广大党员干部搞好调查研究、推动事业发展，让主题教育不断走深走实。

实践是最生动的课堂，行动是最有力的示范。从大别山区到秦巴腹地，从黄河之滨到长江之畔，从厂矿企业到田间地头，从街头巷尾到寻常人家……党的十八大以来，习近平总书记考察调研的足迹遍及大江南北。顶风雪、踏泥泞，问冷暖、听真话，察实情、谋良策，习近平总书记以身作则、亲力亲为，为全党重视调研、深入调研、善于调研树立了光辉典范。通过调查研究谋划和推动工作，是习近平总书记治国理政的鲜明特点，是习近平新时代中国特色社会主义思想不断丰富发展的重要动力。

为什么要重视调研？怎样搞好调研？如何用好调研成果？一路走来，习近平总书记想得深、看得远、抓得实：论重要性，指出“调查研究是谋事之基、成事之道”，强调“正确的决策离不开调查研究，正确的贯彻落实同样也离不开调查研究”；讲方法论，要求“拜人民为师，向人民学习”，强调“学习和运用唯物辩证法”“善于解剖麻雀，把实际情况摸准摸透”“善于透过现象看本质，提高把握问题实质、把握矛盾规律的能力”；指明检验标准，“要看是否摸清社情民意、是否解决实际问题”；改进调研作风，指出“既要‘身入’基层，更要‘心到’基层”，要求“不能搞作秀式调研、盆景式调研、蜻蜓点水式调研”“力戒形式主义、官僚主义”；谋求工作长效，指出“调查研究要经常化”，要求“各级领导干部要带头调研、经常调研”……习近平总书记深刻阐明调查研究的意义、内涵、途径、方法，进一步丰富和发展了我们党关于调查研究的理论和实践，为全党在新时代大兴调查研究、推动各项工作指明了努力方向。

浙江省湖州市吴兴区八里店镇结合主题教育和“三服务”，推进“民生大走访”工作机制，全体网格员下沉村、社一线，了解社情民意，化解矛盾纠纷，服务村社群众。这是八里店镇中心片区网格员（蓝衣者）和志愿者（红衣者）对一家店铺进行平安问卷调查（2019 年 10 月 31 日摄）。
新华社记者 翁忻旸 / 摄

行程万里，伟略在胸。在湖南调研时首次提出“精准扶贫”，在江苏考察调研时首次提出“四个全面”战略布局，在贵州考察时就扶贫开发工作提出“六个精准”的基本要求，构建新发展格局、推动京津冀协同发展、长江经济带发展、粤港澳大湾区建设、长三角一体化发展、黄河流域生态保护和高质量发展……新时代采取的一系列战略性举措，推进的一系列变革性实践，实现的一系列突破性进展，取得的一系列标志性成果，无不凝结着习近平总书记一次又一次深入调查研究的心血和智慧。习近平总书记的调查研究实践，彰显了共产党人实事求是、求真务实的宝贵品格，折射着心系人民、造福人民的深厚情怀，展现了把握规律、破解难题的高超智慧。

马克思指出：“理论在一个国家实现的程度，总是取决于理论满足这个国家的需要的程度。”稳经济、促发展，攻贫困、建小康，战疫情、抗大灾，应变局、化危机……党的十八大以来，在以习近平同志为核心的党中央坚强领导下，在习近平新时代中国特色社会主义思想科学指引下，中国人民闯过了多少难关险隘，创造了多少人间奇迹！实践证明，习近平新时代中国特色社会主义思想既立足于现实的中国，又植根于历史的中国，是当代中国马克思主义、二十一世纪马克思主义，是中华文化和中国精神的时代精华，是接地气、有温度、得民心的科学理论，实现了马克思主义中国化时代化新的飞跃，为新时代党和国家事业发展提供了根本遵循。

一个民族要走在时代前列，就一刻不能没有理论思维，一刻不能没有正确思想指引。深入开展学习贯彻习近平新时代中国特色社会主义思想主题教育，不断用党的创新理论武装头脑、指导实践、推动工作，我们奋进新征程就有了无比强大的思想力量和精神动力。

三

“越是深入调研，就越心明眼亮，越感到肩上担子很重”“坐在办公室

在枣庄市台儿庄区张山子镇侯孟前村新时代文明实践站，志愿者老师樊敏（右）陪伴留守儿童阅读绘本（2020 年 10 月 20 日摄）。2019 年以来，山东省枣庄市台儿庄区依托区新时代文明实践中心、镇（街道）分中心、村（居）实践站三级网络，构建“三事连心桥”服务平台。 新华社记者　郭绪雷 / 摄

碰到的都是问题，深入基层看到的全是办法”“接地气才能出实招”……不少党员干部的调研心得体会，从一个侧面启示我们，传家宝永不过时，新征程上调查研究的重要性更加凸显，新时代在全党大兴调查研究的意义更加深远。

时代是思想之母，实践是理论之源。习近平新时代中国特色社会主义思想在新时代伟大实践中创立，在指导实践、推动实践中展现出强大真理力量和实践伟力。在全党大兴调查研究，有利于党员干部全面系统掌握这一思想的基本观点、科学体系，把握好这一思想的世界观、方法论，坚持好、运用好贯穿其中的立场观点方法，不断增进对党的创新理论的政治认同、思想认同、理论认同、情感认同，深刻领悟“两个确立”的决定性意义，增强“四个意识”、坚定“四个自信”、做到“两个维护”，始终在思想上政治上行动上同以习近平同志为核心的党中央保持高度一致，共同把党锻造成一块攻无不克、战无不胜的坚硬钢铁。

“知之愈明，则行之愈笃。”调查研究是获得真知灼见的源头活水。在全党大兴调查研究，是应对新时代新征程前进路上的风浪考验、推进中国式现代化的有力举措。全面建成社会主义现代化强国、实现第二个百年奋斗目标，以中国式现代化全面推进中华民族伟大复兴，是全党全国各族人民在新时代新征程的中心任务。这是前无古人的开创性事业，必然会遇到各种可以预料和难以预料的艰难险阻。新时代新征程上，科学认识世界之变、时代之变、历史之变，回答好中国之问、世界之问、人民之问、时代之问，做好经受风高浪急甚至惊涛骇浪重大考验的准备，不断推进中国式现代化事业，都需要通过高质量调查研究把握大势和规律，不断提出解决问题的新理念新思路新办法，更好地应变局、育新机、开新局。

大有大的优势，大有大的难处。今天，我们党已经成为拥有 9800 多万名党员、500 多万个基层党组织的世界上最大的马克思主义执政党。在全党大兴调查研究，是时刻保持解决大党独有难题的清醒和坚定、回答“六个如何始终”的现实需要。通过深入细致的调查研究了解实情、摸清问题，查不足、找差距、明方向，不断深化对共产党执政规律、社会主义建设规律、人类社会发展规律的认识，健全全面从严治党体系，使全面从严治党各项工作更好体现时代性、把握规律性、富于创造性，才能深入推进新时代党的建设新的伟大工程，使我们党始终成为中国特色社会主义事业的坚强领导核心。

根植沃土，其叶方茂；实事求是，其理乃明。在全党大兴调查研究，是转变工作作风、密切联系群众、提高履职本领、强化责任担当的有效途径。实践是真理的依据，调研是成功的基石。越是深入扎实进行调查研究，才越能保持同人民群众血肉联系，越能锻造优良作风、激发奋进动力，越能把马克思主义看家本领学到手，不断交出无愧于历史和人民的精彩答卷。

四

在东洲街道黄公望村梅花桩"农家乐"，党员志愿者了解从业人员的需求（2021 年 5 月 21 日摄）。为了扎实推进基层"昼访夜谈"调查研究活动，落实"我为群众办实事、我为企业解难题、我为基层减负担"专题实践活动要求，浙江省杭州市富阳区东洲街道组织党员志愿者特别是在各行业中拥有一定专业技能的青年党员，以专班形式走进农庄、民宿、建设项目一线开展"一线送生产、一线送服务、一线送安全"等活动。

新华社记者　徐昱／摄

里山镇党员干部在安顶村的茶农家中进行“昼访夜谈”，了解茶农实际需求和困难（2021 年 4 月 14 日摄）。浙江省杭州市富阳区里山镇通过实施多种措施，包括开展党员干部“昼访夜谈”解决实际问题、保障外地采茶工衣食住行、拓展网上销售渠道、积极提升高山云雾茶的品牌附加值、推广高山茶乡乡村旅游品牌等，积极推动山村百姓增收致富，助力乡村振兴。

新华社记者　徐昱 / 摄

浙江杭州市富阳区组织党员干部以“昼访企业项目 + 夜谈群众干部”等形式，分层分类深入一线开展调查研究；江西兴国县建立“网格说事点”，组织党员干部深入社区收集民情民意、办好民生事项；青海开展“大走访、大调研、大排查、大攻坚”，到海拔高、条件艰苦的地方，研究提出举措建议；农业农村部分批派出党员干部赴 650 多个县开展调研，系统梳理“三农”领域重点工作开展情况、面临的重点难点任务和关键紧迫问题……在主题教育中，各地各部门、广大党员干部纷纷深入实际、深入基层、深入群众，掌握实情、把脉问诊，推动调查研究蔚然成风。

搞好调查研究，必须坚持群众路线。从群众中来、到群众中去，迈进群众的门槛容易，走进群众的心坎不易。用心用情，搭起干群连心桥。排忧解难，做好百姓贴心人。“把屁股端端地坐在老百姓的这一面”，在身挨身坐、心贴心聊的深入交流中，真诚倾听群众呼声、真实反映群众愿望、真情关心群众疾苦，说百姓话、办百姓事，才能始终同人民群众站在一起、想在一起、干在一起。甘当“小学生”，向群众求教，向人民问策，学习借鉴人民群众的“真知识”“金点子”，才能更好地察民情、聚民智、汇民力，把调研结果转化为正确认识，把党的正确主张变为群众的自觉行动。

浙江省淳安县汾口镇党员志愿者在宋祁村的甘蔗地里帮助农户收获甘蔗（2021 年 11 月 16 日摄）。浙江省淳安县汾口镇坚持以党建为引领，结合开展“我为群众办实事”实践活动，开展党员助力春耕播种、党员参与植树造林、党员一线防台防汛、党员助力秋收等一系列志愿活动，切实帮助老百姓解决困难，架起了与群众的“连心桥”。

新华社记者　徐昱 / 摄

搞好调查研究，必须坚持实事求是。能不能、敢不敢实事求是，不只是认识水平问题，而且是党性问题。做好调查研究，要有直面问题的勇气、坚持真理的追求、修正错误的魄力。既看“高楼大厦”又看“背阴胡同”，近的远的都要去，好的差的都要看，干部群众表扬和批评都要听，有一是一、有二是二,一门心思听真话、察实情、谋实策，确保调查研究的过程和结果都真实可靠，才是真正的“不唯书、不唯上、只唯实”。

搞好调查研究，必须坚持问题导向。毛泽东同志曾形象地说：“调查就像‘十月怀胎’，解决问题就像‘一朝分娩’。调查就是解决问题。”能不能发现问题、解决问题，是检验调查研究成效的试金石。要聚焦发展所需、改革所急、基层所盼、民心所向的问题，真正把情况摸清、把问题找准、把对策提实，不断提出有效解决问题的新思路新办法，一环紧着一环拧，一锤接着一锤敲，积小胜为大胜，把一个个“问题清单”变为“成果清单”。

搞好调查研究，必须坚持攻坚克难。志不求易者成，事不避难者进。开展调查研究，不能搞“坐着车子转、隔着玻璃看”的“假调研”，也不能搞“看‘门面’和‘窗口’多、看‘后院’和‘角落’少”的“浅调研”，更不能搞“遇到困难绕着走、碰见矛盾拐个弯”的“选择性调研”，必须务实事、破难题，不断发扬斗争精神、增强斗争本领。要敢于接“烫手山芋”、善于啃“硬骨头”，多到困难多、群众意见集中、工作打不开局面的地方和单位开展调研，找到解决难题的有效办法和科学路径。“一语不能践，万卷徒空虚。”要防止调查多研究少、情况多分析少，扑下身子摸实情，撸起袖子干实事，努力写好“后半篇文章”，切实把调查研究成果转化为推进工作、战胜困难的实际成效。

搞好调查研究，必须坚持系统观念。深入实际、深入基层、深入群众调查了解情况，不能“见山是山”“见水是水”，更不能“一叶障目”“盲人摸象”。要不断提高系统思维能力，把握好全局和局部、当前和长远、宏观和微观、主要矛盾和次要矛盾、特殊和一般的关系。不为一时一事所惑，不为风险挑战所惧，明发展大势，谋长远之计，下好先手棋，打好主动仗，以前瞻性思考、全局性谋划、整体性推进，让党和国家各项事业行稳致远。

五

这是 2023 年 6 月 28 日拍摄的井冈山黄洋界景区（无人机照片）。
新华社记者　万象 / 摄

井冈山的翠竹郁郁葱葱，深圳的前海石屹然矗立，雄安高铁站内的“千年轮”转动不停……

在广东省深圳市前海拍摄的前海石（2021 年 7 月 15 日摄）。 新华社记者　毛思倩 / 摄

穿越历史时空，追寻永恒足迹。一代代共产党人奔赴的身影，闪耀着调查研究优良传统的光辉。

旅客在京雄城际铁路雄安站内拍摄“千年轮”（2020 年 12 月 27 日摄）。

新华社记者　牟宇 / 摄

今天，中国式现代化的宏伟蓝图在神州大地徐徐铺展。扎根中华大地，心中装着人民，新时代中国共产党人奋斗的底气更加充足，前进的步伐更加有力，团结带领亿万人民创造新的历史伟业的意志更加坚定！

（新华社　钟华论）

总书记在浙江
密集调研基层实践经验导向鲜明

出席杭州第19届亚洲运动会开幕式前夕，2023年9月20日，习近平总书记深入浙江金华、绍兴，先后考察义乌市后宅街道李祖村、义乌国际商贸城、枫桥经验陈列馆、浙东运河文化园。

总书记此行聚焦基层实践的探索经验。

李祖村——浙江“千万工程”经验；

义乌国际商贸城——义乌发展经验；

枫桥经验陈列馆——枫桥经验；

浙东运河文化园——大运河文化保护传承利用相关经验做法。

这些经验源于群众创造、来自基层实践，又经过不断总结，逐步在全国推广开来。

考察第一站，习近平总书记走进李祖村，了解当地因地制宜发展特色产业、推进乡村振兴等情况。

得益于2003年浙江省启动的“千村示范、万村整治”工程，曾经脏乱差穷的李祖村从改善村居环境入手，继而发展乡村旅游、培育产业新业态，逐渐从“自己都嫌弃的穷山村”蝶变为“城里人也向往的美丽乡村”。

李祖村的变化，正是“千万工程”推进浙江无数乡村蝶变的缩影。这一工程实施20年来，创造了农业农村现代化的成功经验和实践范例，为推进中国式现代化建设提供了乡村样本。

第二站，习近平总书记考察了义乌国际商贸城，了解当地发展对外贸易、推动高质量发展等情况。

从“鸡毛换糖”、马路市场起步，到全球最大的小商品市场，义乌书写了中国县域经济发展的奇迹。

在浙江工作时，习近平同志不仅作出专门批示，为义乌发展破除体制机制障碍，还要求在全省范围内学习推广义乌发展经验。习近平同志将义乌的发展概括为“‘莫名其妙’的发展、‘无中生有’的发展、‘点石成金’的发展”。这成为义乌发展经验最精辟和最生动的注解。

走进义乌就会发现，这里处处充满活力、人人都在想办法。“世界超市”的红火，不仅在于营商环境好、开放程度高，也在于创新意识强、技术赋能快等。

此次，总书记深入商户中间，同他们互动交流，传递出闯关探路、以变应变，增强信心、共促发展的鲜明信号。

义乌发展形成的经验，被实践证明，是推动经济社会发展逐步驶上科学发展轨道的创新经验，对全国各地更好推进现代化建设具有借鉴意义。

60年过去了，“枫桥经验”这一“发动和依靠群众”的基层治理经验经久不衰、历久弥新。

在实践中不断丰富发展，形成了新时代“枫桥经验”——坚持和贯彻党的群众路线，在党的领导下，充分发动群众、组织群众、依靠群众解决群众自己的事情，做到“小事不出村、大事不出镇、矛盾不上交”。

新时代“枫桥经验”彰显了中国基层社会治理的独特优势和强大活力。习近平总书记多次作出重要指示，为坚持和发展新时代“枫桥经验”指明了前进方向、提供了根本遵循。

习近平总书记此行，重温“枫桥经验”诞生演进历程，了解新时代“枫桥经验”创新发展情况，传递出的鲜明信号就是，推动新时代“枫桥经验”的创新发展和实践推广，以基层治理现代化夯实中国式现代化的坚实基石。

考察最后一站，是浙东运河文化园。

浙东运河是京杭大运河的延伸段。2017 年 2 月，习近平总书记曾到位于京杭大运河最北端的北京市通州区调研，在那里提出了“要古为今用，深入挖掘以大运河为核心的历史文化资源”。

此次在浙江，总书记了解古运河发展演变历史和大运河保护及大运河国家文化公园建设等情况，进一步指明“保护好、传承好、利用好”的方向。

乡村振兴、经济发展、基层治理、文化传承保护……习近平总书记步之所至、言之所及，涉及中国式现代化建设的方方面面。

村庄、商户、社区……习近平总书记深入到社会最小单元，同基层群众深入交流，从生动鲜活的基层实践中汲取治国理政的智慧和力量。

调研基层探索经验的目的在于推广运用。习近平总书记多次强调，人民是历史的创造者，群众是真正的英雄。“共产党做事的一个指导思想就是尊重群众首创精神”“尊重地方、基层、群众首创精神”，始终把群众作为智慧和力量的源泉，把执政本领的增强扎根于人民群众的创造性实践之中。

在之江大地，习近平总书记以一次行程紧凑、内容务实的调研，展现出基层探索实践的蓬勃生命力，饱含着对浙江乃至全国各地在中国式现代化建设新征程上继续破题、先行探路、总结经验的殷切期待。

（新华社）

用好调查研究传家宝

◇调查研究是我们党的传家宝，是做好各项工作的基本功。调查研究是一门大学问，也是党员干部必须掌握的基本技能。只有不断提高调查研究能力，才能使各项决策和各方面工作更加符合实际情况、符合客观规律、符合人民意愿

◇各地党委政府围绕全面贯彻落实党的二十大精神、推动高质量发展，办公室坐得少了，现场跑得多了。各级干部直奔问题去，开展问题大梳理、难题大排查，着力打通贯彻执行中的堵点、淤点、难点

◇以掌握新局面、发现新情况、答好新课题为目标，各地不断改进调查研究的方法和手段，努力提高调研对象的广泛性、调研内容的针对性、调研方法的科学性，将传统调研方法和现代调研手段相结合，将微观调查和宏观调查、定性分析和定量分析相结合，提高调研工作效率和调研成果质量

◇调查研究，基础在“调查”，关键在“研究”，根本在找到解决实际问题的良策

下高楼、出深院，走进工厂车间、田间地头、校园课堂、居民社区……学习贯彻习近平新时代中国特色社会主义思想主题教育开展以来，广大党员干部按照“深入调查研究”“改进调研方式，力戒形式主义、官僚主义”“提高调研成果质量，切实把调研成果转化为解决问题、改进工作的实际举措”等要求，深入实际、深入基层、深入群众，以深化调查研究推动解决发展难题。

河南省开封市尉氏县南曹乡的党员志愿者帮助农户抢收小麦（2023年5月31日摄）。
李新义／摄

调查研究是我们党的传家宝，是做好各项工作的基本功。调查研究是一门大学问，也是党员干部必须掌握的基本技能。只有不断提高调查研究能力，才能使各项决策和各方面工作更加符合实际情况、符合客观规律、符合人民意愿。

近期，《瞭望》新闻周刊记者深入基层，与各地干部群众、专家学者深入交流，了解各地在主题教育中大兴调查研究的具体实践。受访党员干部表示，必须深刻领悟调查研究这一传家宝的思想精髓，把以人民为中心的发展思想落到实处。

问题导向找准真问题

2023年6月上旬，一场气氛热烈的座谈会在天津市高院举行。提出意见的是天津市11位企业家，聆听记录的是天津市委统战部、天津高院、天津市工商联等部门。两个小时讨论中双方话题就一个：如何打造良好法治环境，推动法治民企建设。

一位参会企业家表示，民营经济发展和民营企业营商环境建设备受关注，“法治环境是最大的营商环境，也是民营企业家最为盼望的市场环境。这次座谈会抓到了我们关注的焦点问题。”

调查研究是获得真知灼见的源头活水。调查什么，研究什么，是首要问题。“调查研究必须找准真问题，最忌讳大而化之地泛泛调研。应结合中央要求和本地实际确定调研内容，突出重点、直击要害，破解改革发展过程中的真题、实题、难题。”陕西省社会科学院院长王飞表示。

记者走访各地发现，各地党委政府围绕全面贯彻落实党的二十大精神、推动高质量发展，办公室坐得少了，现场跑得多了。各级干部直奔问题去，开展问题大梳理、难题大排查，着力打通贯彻执行中的堵点、淤点、难点。

陕西省提出，对制约经济社会高质量发展的堵点问题、基层反映强烈的痛点问题、群众普遍关注的热点问题、长期悬而未决的难点问题、存在风险隐患的焦点问题，深入调查、全面研究、靶向发力、定点爆破。

西安市的房地产领域，存在一些群众关切的难点痛点。西安市住建局副局长张小波说，西安市住建局在制定大兴调查研究工作方案时，紧紧围绕职能职责，将“保交楼”纳入主题教育专项整治，用工作成果检验主题教育成效。

通过走企业、访项目、问群众，西安市住建局开展了五轮风险排查，查清全市 77 个住宅项目、5.39 万套房屋存在的问题和主要矛盾，为实现“一楼一策”解决问题奠定了基础。

西安市住建局房地产市场处负责人介绍，以西安高新区苏宁云著项目为例，规划房屋总户数 1928 户，合同约定 2022 年 6 月 30 日交付业主。2020 年 11 月，该项目因资金链断裂，工程进展滞缓，发生间断性停工，导致延期交房。为了啃下这个硬骨头，住建局联合公安、资规等多个部门，多次赴项目现场、集团总部走访，与企业、业主座谈，通过多种手段加强资金监管和追缴，截至目前，所有房屋已全部竣备交付。

山东省提出，在调研中正视问题、发现问题、解决问题，把情况摸清、把问题找准、把对策提实，在调研中勇于涉险滩、破难题，推进工作、战胜困难。

在山东烟台八角湾新城，烟台大学开发区科教园区的施工现场一片繁忙。现场2500余名施工人员、近百辆工程机械紧张作业，加紧推进科教园区工程建设收口工作。按照计划，占地610亩的一期项目，将在2023年9月迎来首批大学生入驻。

烟台大学在调研中发现，一些建有新校区的兄弟院校由于没有提前确定入驻学院或学科，新校区存在“建成即改造”情况。为此，烟台大学成立工作专班，加强问题研究，将11个部门和学院的109条变更优化意见全部落实，最大限度保障了工程建设与各单位入驻实际使用需求之间的稳妥衔接。

在天津，国家超级计算天津中心正在利用生成式人工智能等方式，开发多模态大模型，进一步提高调查研究质量。

该中心数据智能部部长康波介绍，与座谈会、调查问卷等传统调研方式相比，生成式人工智能辅助调研有两项优势。一是可以同时与成千上万名调研对象交流，更加及时地了解群众的最新诉求；二是避免了群众当面反映情况时的顾忌心态，可以听到更多真话、实话。

“发现问题的能力，是领导干部的基本功。找准真问题的能力，是优秀领导干部的必备素质。”长安大学马克思主义学院教授万金鹏说。

目标导向改进调研方式

“综合运用座谈访谈、随机走访、问卷调查、专家调查、抽样调查、统计分析等方式，充分运用互联网、大数据等现代信息技术开展调查研究”，这是中共中央办公厅印发的《关于在全党大兴调查研究的工作方案》中列举的调研方式，目的在于提高调查研究的科学性和实效性。

记者了解到，各地在主题教育中，以掌握新局面、发现新情况、答好新课题为目标，不断改进调查研究的方法和手段，努力提高调研对象的广泛性、调研内容的针对性、调研方法的科学性，将传统调研方法和现代调研手段相结合，将微观调查和宏观调查、定性分析和定量分析相结合，提高调研工作效率和调研成果质量。

注重“走出去”学经验，“沉下来”找方法，线上线下齐发力……一些地方着力拓展调研渠道、丰富调研手段、创新调研方式。

山东省教育厅将信息化手段作为调研中发现问题的抓手，搭建“接诉即办”平台，全省超过150所高校完成省校平台对接工作，实现省平台与各高校平台数据归集、互联互通。相关部门利用大数据定期梳理师生反映比较集中的普遍、共性问题，分析研判师生需求和工作盲点，从源头上及时回应师生关切。

身入基层、心入基层，与群众面对面交流，有助于精准把脉问诊。

2023年，山东小学新入学适龄儿童预计将增加56万人，同比增长41.1%，136个县市区中有103个存在学位缺口。

直面老百姓关心的“教育资源不足、分配不均”等问题，山东省教育厅采取“四不两直”式调研，深入学位压力较重的地区和学校了解情况，认真寻找解决办法，通过“内挖外拓”等方式综合施策，应对小学入学高峰挑战。截至2023年5月底，山东各地已储备28.41万个秋季学期小学一年级学位，已有33个县市区完成秋季所需学位储备。

随着互联网深度改变日常生活，网络成为群众反映问题、表达诉求的重要渠道。走好网上群众路线也是行之有效的一种调研形式。

近日，天津市举办了一场“团聚青春智绘滨城”高校学子走进滨海新区活动。为提前摸清大学生的思想动态和参与需求，滨海新区团委在活动举办前面向京津冀地区13所高校发放了调查问卷。

“我们一共回收了有效问卷4300多份。通过分析问卷可以发现，68%的大学生对活动的期望是获得有用的招聘信息。”滨海新区团委书记詹越说，根据调研结果，滨海新区团委在游览线路中增加工业游，重点向高校学生介绍当地高新技术企业发展情况，还增设了线上线下同步的招聘会，显著提高了活动满意度。

结果导向加强调研成果转化

调查研究，基础在“调查”，关键在“研究”，根本在找到解决实际问题的良策。随着主题教育的深入开展，各地各部门正在围绕调研发现的问题，逐一梳理形成问题清单、责任清单、任务清单，建立调研成果转化运用清单，评估调查研究的成效。

在山东潍坊临朐县，当地组织部门通过问卷调查、走访座谈等形式开展调查研究发现，干部“干多干少一个样、干好干坏没比较”问题一直未得到很好解决。经过深入分析，临朐县委组织部认为，出现这一问题的关键原因在于作风不实、机制不畅。

对此，临朐县专门设立了“擂台比武”机制——县级干部、“一把手”、中层干部按照月度、季度分级分类参加打擂，把自己的工作业绩亮出来。“打擂守擂，不仅晒出干部干了什么，还能赛出工作成效如何，激发起比学赶超、互学共进的工作激情。”山东潍坊临朐县委常委、组织部部长潘锡才告诉记者。

调查研究的最终目的，是推动实际问题解决。记者发现，随着主题教育的深入推进，一些地方和部门正在将调研成果转化为指导实际工作的政策措施。

主题教育开展以来，农业农村部分批派出党员干部近 900 人次，赴 30 个省份、650 多个县开展调研，系统梳理“三农”领域重点工作开展情况、面临的重点难点任务、关键紧迫问题、农民急难愁盼等。

其中，农村社会事业促进司聚焦健全农村改厕长效管护机制，深入河北、贵州、山西等地了解户厕后续管护等方面的难点问题和意见建议，总结提炼地方好经验好做法，推介了一批基层探索的典型模式。

2023 年 5 月底，全国农村厕所革命现场会在河北省石家庄市平山县举办。农村社会事业促进司提出，各地立足自身实际从这些经验做法和典型模式中找到借鉴，解决群众实际问题。

“各家院落格局、房屋设计都不一样，今后我们会更有针对性地指导农户对厕所进行管护。”平山县讲里村党支部书记郝利刚说。

在天津，聚焦建设工程项目依然存在的土地出让速度慢、整体设计周期长、施工进场前置环节多等难点堵点问题，天津经济技术开发区在充分调研基础上，于2023年6月中旬推出优化建设项目全流程审批服务4.0版，明确了“项目从拿地到开工全流程用时不超过100个自然日”的审批改革目标，制定出12条项目建设快批快办创新举措，大幅提升天津经开区工程建设项目整体审批效能。

（《瞭望》采写记者 张京品、李亚楠、王井怀、萧海川、于文静、李雄鹰）

写讲话稿、汇报材料都忙不过来
基层调研科，没空搞调研？

县、区的政研室或办公室等部门，不少都设有调研科，本意是传承优良作风，加强调查研究，从基层获取真实情况，以供领导决策参考。但《半月谈》记者走访发现，基层部分本应带头搞调研的科室，整天忙于写各种讲话稿、汇报材料，很难迈出门、俯下身深入调研。

2023 年，中央在全党大兴调查研究，而部分身处基层、主要职责之一即为调研的科室，却没空搞调研，这一现象不能不引人深思。

整天忙着写材料，哪有时间搞调研？

“科室名称虽然叫调研科，但干的不是调研工作，主要是为领导写讲话稿、情况汇报、会议纪要、起草文件等。”西部某区政策研究室调研科干部说，科室一共 4 人，其中 2 人还是借调的，人少事多，遇到上级视察等情况经常要临时准备材料，加班是常态，根本没时间深入基层了解情况。

“平均一周要给领导写 3 篇四五千字的稿子。”东部沿海某县委办综合调研科干部说，为了更好理解领导的思路，还要经常跟着领导开会，下基层调研成为奢侈，“三四个月能下乡一次就不错了”。

由于没时间调研，不少政研室干部在撰写文稿甚至在起草重要文件时，只能层层要材料。“因为对基层不熟悉，许多时候不得不依赖各部门的二手材料。”某地一位政府研究室干部说，有些材料对方不掌握，就继续往下要，二手变多手，“年底在起草政府工作报告时，报告中提到的不少重点项目，在哪里我们都不知道”。

一些受访的基层“笔杆子”表示，在办公室闭门造出来的材料看似有文采，实则很空洞，因为缺少调查研究，很难提出真知灼见，指导工作、解决问题的作用不大。

“我们调研基本上是向各部门要材料、开座谈会、网上搜索，有些面上的情况和数据还得向上级部门协调获得，很少采取一线探访、调查问卷、数据分析等方式。”一位区党委办公室政研科干部说，这种材料来材料去的调研，深度、质量都不够，最终只有在文字上打主意。

“有效输入才能更好输出，我们也想深入田间地头、厂房车间了解情况，但写材料都忙不过来，实在走不出去。”一位区政府研究室干部告诉《半月谈》记者，他们每年最终形成的材料字数超过 100 万，算上反复修改、多易其稿的材料，字数就更多了。“真正需要这么多材料吗？又有多少人真正看过？”该干部说。

讲话念文稿、出彩靠汇报、落实看材料

本该重视调研的基层科室也难得深入调研，折射的是部分基层领导干部对调查研究不够重视、工作作风不够扎实的苗头性问题。

——部分基层领导不会讲不敢讲，凡发言必念稿。一些“笔杆子”表示，地方领导活动多、会议多，凡是领导要讲话，一般都得准备讲话稿，这一项就占所写材料的 60% 以上。“有的领导要求高，事先也不沟通，有时几百字、千余字的讲话稿需要反复修改，非常折磨人。”一位基层干部说。

长三角某市下辖区政府办公室负责人介绍，自媒体时代，一些地方领导担心讲错话酿成舆情事件，导致普通活动、仪式上的领导讲话稿也要层层把关，耗费大量时间精力。

——部分地方衡量工作干得好不好，主要靠汇报材料。基层干部透露，由于上级部门对基层情况不一定熟悉，衡量工作成效优劣，上报的材料就非

“空心笔杆子”　新华社发 商海春 作

常关键，因此一些基层领导要求汇报材料必须出新出彩。

为此，相关科室干部不得不绞尽脑汁咬文嚼字，用新词、造新句、出新概念，讲究排比对仗、引经据典、押韵上口，谈成绩浓墨重彩、说不足轻描淡写，甚至不惜夸大效果、数据“注水”。但是细看，不少汇报材料没什么干货，很难真正把情况讲清、问题找准、对策提实，还助长了虚浮之风。

——部分地方检查工作落实情况，主要看材料、留痕。《半月谈》记者采访中多次遇到，问及工作落实情况时，基层干部就搬出厚厚一叠材料，将各种总结、图表、照片等展示给记者看。有基层政研室干部说，少数上级领导和部门检查工作时，不深入基层，不听取群众评价，主要就是看材料，所以材料越备越厚。

大兴调查研究，基层需要“补课”

调查研究是我们党的传家宝。2023 年 3 月，中共中央办公厅印发《关于在全党大兴调查研究的工作方案》，对调研的重视可见一斑。有人认为，基层干部身处基层，深入一线的调查研究肯定可以常常进行，基层实情肯定能够掌握清楚。其实并不一定。

重庆市委党校教授侯晋雄认为，一些基层干部和部门没时间精力、没动力热情、没技巧能力去调研，从侧面反映了基层反对形式主义、改进工作作风要久久为功。

领导干部要带头垂范，扎扎实实调研。领导干部只有双手沾泥、双脚着地，既调查又研究，肚子里才有货，才不会缺了文稿就不会讲话，才能更好地指导实际工作，作出正确决策。

既要看汇报材料，更要听群众心声。侯晋雄表示，一些基层干部和部门之所以不调研，还跟“搞不搞调研不重要、只要把材料写好就行”的心态有关。看汇报总结材料固然可以快速了解情况，但只有深入基层，听真话、察实情，才能检验工作是否真正落实、问题是否真正解决，才不会被各种材料蒙蔽双眼。

树牢调研意识、增强调研本领。一些基层干部说，就算身在县乡，如果长期待在办公室，也会逐渐不会说群众话语、不会察基层实情。建议加强基层干部调研培训，通过实践、授课等方式提升调研能力。

（《半月谈》记者　周凯、李平、陈圣炜）

坚持问题导向　抓好调查研究

第二批学习贯彻习近平新时代中国特色社会主义思想主题教育离群众最近，群众对解决问题的期待也更迫切。要坚持问题导向，奔着问题去；要深入调查研究，注重解决实际问题，持续提升群众的满意度和获得感。

解决实际问题的前提，是搞清楚问题是什么、症结在哪里。这就要求党员干部深入开展调查研究，知民意、晓民情。要扑下身子、沉到一线，深入到农村、社区、企业、医院、学校等基层单位，问需于民、问计于民。第二批主题教育将推广“四下基层”作为重要抓手，将“四下基层”的任务要求落实到各项重点工作之中。“四下基层”的关键，就在于领导干部要下访为群众解忧愁、办实事，深入基层查找问题、补短板。

湖南省湘潭市通过干部下基层走访群众，结合巡视巡察、审计监督、统计监督、环保督察等发现和反馈的问题，把“下去找”的单向渠道变成“访下去、迎进来”的双向通道；安徽各地领导干部深入产业园区、科创平台、科技企业，通过“科技畅聊会”“千企大走访”等活动，调研需要协调解决的难题……大兴调查研究，就要把“揣上问题”作为调研的起点，问题不解决不松劲、解决不彻底不放手。

解决实际问题，需要抓住典型案例，通过“解剖一个问题”推动“解决一类问题”。基层问题处处有不同、时时有变化、事事有特点，由具体的“点”带动“面”上的问题解决，关键是先选好具有代表性、普遍性的典型案例，通过深入调研分析，由表及里、由此及彼，从而把问题研究得更深更透、对策提得更准更实在。

北京市深化“每月一题”机制，通过大数据分析“12345”政务服务热线高频诉求，找出共性难点问题，再开展干部下沉、摸底调研，让实现“一个诉求解决一类问题”有了坚实基础；贵州电网公司从解决一个独立供电区群众用电问题入手，牵住这类问题的“牛鼻子”，着力彻底解决全省 15 个独立供电区相关问题，有序推进电网建设改造……通过以小见大、把握规律，真正把调研成果转化为改进工作、推动发展的实际举措。

第二批主题教育参加单位同群众的联系更直接，面对的矛盾问题更复杂，群众期待解决的问题更具体，必须把功夫下在解决实际问题上。要坚持人民至上、为人民服务，聚焦群众急难愁盼问题，深入基层，体察民情、倾听民声、关注民生，为民办实事、解难题，不断增强人民群众获得感、幸福感、安全感，用实干推动发展、取信于民。

（新华社记者　李嘉伟、刘书玮）

多采取“四不两直”方式深入调研

调查研究是我们党的传家宝，是做好各项工作的基本功。在全党大兴调查研究，是学习贯彻习近平新时代中国特色社会主义思想主题教育的重要内容，也是主题教育的一个鲜明特色。广大党员、干部尤其是领导干部要多采取“不发通知、不打招呼、不听汇报、不用陪同接待，直奔基层、直插现场”的“四不两直”方式深入调研，运用党的创新理论研究新情况、解决新问题。

领导干部要扑下身子真调研、真解决问题。各级领导干部要坚持眼睛向下、脚步向下，深入实际、深入群众开展调查研究。要科学研究制定调研方案，明确调研的项目课题、时间地点、方式方法，不能没有方案盲目调研，防止为调研而调研。要统筹安排调研工作，从实际出发选择调研地点，可以去基层，也可以去机关、企业等单位，多到困难多、群众意见集中、工作打不开局面的地方和单位调研，避免同一时间段到同一地点扎堆调研。要严格落实领题调研相关要求，盯紧一个课题把情况摸清摸透，不应随意增加调研题目，避免相近问题多头调研或同一问题重复调研，不能靠层层要材料来掌握情况，不能把调研任务简单地安排给基层单位。要多开展解剖麻雀式调研，多一些“七嘴八舌式”的讨论，不能只听听、转转、看看，搞作秀式调研。要多采取“四不两直”方式调研，轻车简从，厉行节约，不搞层层陪同，不增加基层负担。要坚持问题导向，抱着解决问题的目的去调研，哪些方面问题突出就聚焦哪些方面，问题产生在哪个环节就聚焦到哪个环节，寻找务实管用的破解之策，避免浮在上面、大而化之。

对调研发现的问题，逐一梳理形成问题清单、责任清单、任务清单，发扬钉钉子精神，抓铁有痕、踏石留印，做到问题不解决不松劲、解决不彻底不放手。要建立调研成果转化运用清单，从问题有没有解决、现状有没有改变、工作有没有提升、机制有没有完善等方面，评估调查研究的成效，决不能简单以调研报告代替调研成果。

当前，仍有个别领导干部怯于采取“四不两直”方式调研，既有作风不扎实的因素，也有能力不强、怕发现问题解决不了的顾虑，甚至担心问题提出来会得罪“左邻右舍”而瞻前顾后。

在主题教育中，要按照党中央关于在全党大兴调查研究的工作方案，组织广大党员、干部扑下身子、沉到一线接地气，掌握真实情况和民情民意，在调查研究中加深对党的创新理论的理解，运用党的创新理论研究新情况、解决新问题，使调查研究的过程成为理论学习向实践运用转化的过程，成为转变作风、增进同群众感情的过程，成为提高履职本领、增强责任担当的过程，真正以推动高质量发展的新成效检验主题教育成果，实现教育实践两手抓、两促进。

（新华社记者 齐雷杰）

警钟：基层调研不能这样搞

近期，中央纪委全面启动集中整治形式主义、官僚主义工作，其中包括调查研究搞形式、走过场、不深入的问题。“新华视点”记者采访发现，少数干部调研只是到基层“打卡”完成任务，有的先出报告再下基层找例证，还有的甚至打着调研的旗号进行旅游。

调研变“表演”，动静大成效小

调研原本是为了解基层真实情况，但一些干部习惯走马观花“被安排”，讲究场面、形式，却不注重实效。

“凑考核”基层“打卡”。记者发现，不少单位都规定了调研任务，于是，个别干部盯着考核天数在年底突击下乡。多位基层干部表示，这类调研去的常常是各类明星村、示范点，汇报材料堆砌新名词、新概念，总结经验歌功颂德，对问题却轻描淡写、点到为止，对实际工作推动不大。

预设问题借嘴说话。记者发现，有的干部事先写好报告，“量身定做”问卷，最后下基层找例证。“我们之前搞一个产业发展现状调研。下去之前，领导让我们先比照之前下达的考核指标把成绩摆出来，再预设几个贯彻落实方面可能存在的问题，下去找‘嘴’找材料。”一位政府研究部门的工作人员说。

一位乡镇干部表示，他时常会接到一些上级部门要求提供材料的任务，

各有目的　　新华社发 曹一 作

“尽量鲜活，有现场感”，方便这些部门在写调研报告的时候写出“已经到现场调研的感觉”。

打“擦边球”旅游观光。2023 年 7 月，浙江省玉环市纪委监委通报的一起案例引发关注。该市民政局殡葬执法大队副大队长陈霄和李军两人，利用职务之便多次接受管理服务对象——殡葬协会提供的旅游活动。其中一次外出考察，8 天中竟有 7 天泡在景区。

此外，中央纪委曾公开曝光，最高人民法院中国应用法学研究所副所长曹守晔出具虚假调研证明，违规公款报销个人春节期间到海南的交通、住宿等费用，受到党内警告、记过处分。

上面“蜻蜓点水”，下面“一条龙”忙得团团转

一些交通便捷、旅游优势突出的县区干部反映，有时对于同一件事，各

个部门轮流调研，甚至同一单位来好几拨人。“隔三岔五我们都要接待。”一些县区负责同志表示。

“去年镇里实施的扶贫项目，县里面反反复复不晓得调研了多少次。”贵州某乡镇财政分局一工作人员向记者诉苦道。

“调研频率太高了，我们真的疲于应付。”贵州某经济开发区办公室的一位干部说。

“为迎接调研和考察，村里一年仅打扫卫生请工就要花2万多元，成了最大的公共经费开支。”贵州省一名村干部告诉记者，近年来，因为重点田园综合体项目落地，来参观的各级领导越来越多。

“接到有领导调研的通知，要加班加点准备汇报材料，安排路线、选点、选人，包括每个环节的时间、内容等都要严丝合缝地准备，甚至围观人员等都要事先布置。”一名经常负责起草调研工作方案的基层干部吐槽。

记者采访发现，基层调研考察的欢迎横幅虽然少了，但大型展板、精美图册的制作并未减少。一些画册用纸考究、装帧精良，但参观者多数只是随便翻翻就丢掉了，十分浪费。

期盼“接地气、听实话、有实效”调研新风

湖北省委党校中共党史党建教研部副主任李珊珊说，科学的决策是建立在掌握真实情况的基础上。一些领导干部特别是关键岗位的领导干部，不做深入调查研究，不了解实际情况，根据不实、不准的信息进行决策，容易造成人力、物力、财力浪费，损害政府公信力。

南开大学周恩来政府管理学院教授徐行认为，形式主义的“假调研”直接反映了干部的工作态度和工作作风问题。有的干部缺乏工作热情，习惯敷衍应付；有的干部作风浮躁，缺乏发现和解决实际问题的能力。

李珊珊表示，形式主义的“假调研”之所以会产生，很大程度上在于一些干部依然存在官本位思想，下基层调研不是为了解决问题，而是为了完成任务和表面风光，在应付上级要求的同时享受“特权”。

一些基层干部建议，应改变调研方式方法，少发通知、少打招呼、少听汇报、少陪同接待，直奔基层、直插现场，通过实地走访、暗访、联合调研等方式，真正把功夫下到察实情、出实招、办实事、求实效上。

多位专家建议，基层要做好干部调研技能的培训工作，帮助干部掌握调研的方法与技巧，提升干部的调研能力。

（新华社记者　翟永冠、向定杰）

多到群众意见集中的地方调研

第二批学习贯彻习近平新时代中国特色社会主义思想主题教育正在省以下各级机关及其直属单位和其他基层党组织开展。扎实开展调查研究是主题教育的重要内容，也是主题教育的一个鲜明特色。调查研究要念好“深、实、细、准、效”五字诀，多到群众意见集中的地方去，查堵点、破难题，摸清社情民意、解决实际问题。

群众意见集中的地方，往往是困难较多、问题不少的地方。多到群众意见集中的地方调研，有利于摸清情况、少走弯路，更容易赢得信任、展开工作。第二批主题教育层级下移，参加单位同群众的联系更直接，面对的矛盾问题更复杂，群众期待解决的问题更具体，更需要重视倾听群众意见，注重解决实际问题，让人民群众看到，主题教育不是“空对空”，各级党员干部将把理论学习、调查研究、检视整改同呼应群众需求、推动解决问题结合起来，实打实地做到“学思用贯通、知信行统一”。

到群众意见集中的地方调研，要坚持问题导向。要解决实际问题，必须进行全面深入的调查研究，推开门、迈开腿，找到群众反映强烈、长期没有解决的问题；关注平时工作中最担心、最怕出事的问题；查找“块块管不了条条管不到”的问题；形成全面、正确的问题清单。把第二批主题教育当作第一批主题教育的“接力赛”，把找到的问题“滚动销号”，将想到的办法建立长效机制，对未啃掉的“硬骨头”持续“靶向治疗”，坚持一抓到底、不解决不罢休。只有瞄准真问题，下足真功夫，才能在调研过程中加深对党的创新理论的理解，在解决难题中不断推动事业发展。

到群众意见集中的地方调研，要注重解决实际困难。提高解决实际问题的能力是应对复杂形势的迫切需要，也是加快构建新发展格局，着力推动高质量发展的必需技能。要保持经济社会发展的良好态势，就要不断匡正干的方向，凝聚干的动力，一级一级把政策红利落下去，一个一个把实际问题解决掉，把主题教育成果体现到落实扩大市场需求、大力推动现代化产业体系建设、化解地方债务风险、全面振兴乡村等工作上，在以学促干上取得实实在在的成效。

主题教育的效果，最终要看群众满意度。尊重、重视群众意见，用好“四下基层”“接诉即办”“民呼我为”等制度机制，把群众“芝麻绿豆”的小事杂事作为自己“身体力行”的大事要事，从思想深处解决“政绩为谁而树、树什么样的政绩、靠什么树政绩”问题，不断推动主题教育走深走实。

（新华社记者　丁静）

第二批主题教育
要全过程突出一个“实”字

当前，第二批学习贯彻习近平新时代中国特色社会主义思想主题教育的重点在县这一级，其成效如何直接关系第二批主题教育质量。解决问题、注重实效，不搞形式主义，是对县一级开展主题教育的明确要求。要全过程突出一个“实”字，坚持一切从实际出发、实事求是，着力在抓理论学习上下实功，着力在调查研究上出实招，着力在检视整改上求实效，着力在推动发展上创实绩。

郡县治，天下安。县一级处在承上启下的关键环节，是发展经济、保障民生、维护稳定的重要基础。县一级开展主题教育需要解决的问题更具体，必须把“实”的要求坚持到底，落在具体。

要在抓好理论学习和调查研究中突出“实”。第二批主题教育面向基层党组织和党员，他们离一线更近、离群众更近、离具体问题更近，只有自觉用思想武装头脑、指导实践，才能让党的创新理论“飞入寻常百姓家”。县委班子作为党治国理政的“一线指挥部”，要推动理论学习往深里走、往实里走、往心里走，把学习成果转化为干事创业的实际本领。调查研究要实实在在，在求深、求实、求细、求准、求效上下功夫，真正沉下心来扑下身子，多开展随机调研、蹲点调研、解剖麻雀式调研，察实情、取真经、不作秀，用行动消除距离，用脚步丈量民情。

要在检视整改突出问题中体现“实”。在检视整改过程中，要有闻过则喜的态度和刀刃向内的勇气，对问题不回避，敢于动真碰硬，务求取得实效。对查摆出来的问题，要以“钉钉子精神”锲而不舍抓落实，稳扎稳打化难题。精准标注整改清单，逐一清零销号，一一对应落实，确保整改不到位不收兵、群众不认可不罢休。检视整改不仅要解决现实而紧迫的问题，还要着眼长远、谋划将来，坚持“当下改”与“长久立”相结合，将好做法好经验以制度形式固定下来，对反复出现的问题做好完善机制、建章立制的工作，防止反弹。

要在办好惠民利民实事中践行“实”。“实实在在”四字看来平常，却饱含浓厚的为民情怀。多一盏灯能照亮回家路，多一间厕所能方便百姓，多一所学校能带来希望……件件事都在考验着干部办事实不实。广大党员干部特别是领导干部要坚持高质量发展，不搞贪大求洋、盲目蛮干、哗众取宠；坚持出实招求实效，不搞华而不实、投机取巧、数据造假；坚持打基础利长远，不搞急功近利、竭泽而渔、劳民伤财。勤走“田间地头”，常听“家长里短”，多问“柴米油盐”，才能真正把实情摸准、把民意研透，把实事办得“走实”又“走心”，真正做到为官一任、造福一方。

在开展第二批主题教育中，对于各地各部门和广大党员干部，“全过程突出一个‘实’字”应作为一种品质去追求，作为一种本领去掌握，作为一种责任去担当，求真务实、真抓实干，努力为人民创造实实在在的业绩，以高度的政治自觉、扎实的工作举措、优良的工作作风，不断推动主题教育走深走实、见行见效。

（边思琪）

中央发文：在全党大兴调查研究！

中共中央办公厅印发了《关于在全党大兴调查研究的工作方案》，并发出通知，要求各地区各部门结合实际认真贯彻落实。

《关于在全党大兴调查研究的工作方案》全文如下。

为深入学习贯彻习近平新时代中国特色社会主义思想，全面贯彻落实党的二十大精神，党中央决定，在全党大兴调查研究，作为在全党开展的主题教育的重要内容，推动全面建设社会主义现代化国家开好局起好步。现制定如下工作方案。

一、重要意义

调查研究是我们党的传家宝。党的十八大以来，以习近平同志为核心的党中央高度重视调查研究工作，习近平总书记强调指出，调查研究是谋事之基、成事之道，没有调查就没有发言权，没有调查就没有决策权；正确的决策离不开调查研究，正确的贯彻落实同样也离不开调查研究；调查研究是获得真知灼见的源头活水，是做好工作的基本功；要在全党大兴调查研究之风。习近平总书记这些重要指示，深刻阐明了调查研究的极端重要性，为全党大兴调查研究、做好各项工作提供了根本遵循。

当前，我国发展面临新的战略机遇、新的战略任务、新的战略阶段、新的战略要求、新的战略环境。世界百年未有之大变局加速演进，不确定、难预料因素增多，国内改革发展稳定面临不少深层次矛盾躲不开、绕不过，各种风险挑战、困难问题比以往更加严峻复杂，迫切需要通过调查研究把握事物的本质和规律，找到破解难题的办法和路径。在全党大兴调查研究，是深入学习贯彻习近平新时代中国特色社会主义思想、感悟这一重要思想的真理力量和实践伟力的必然要求，是深刻领悟“两个确立”的决定性意义、坚决做到“两个维护”的具体实践，是应对新时代新征程前进路上的风浪考验、推进中国式现代化的有力举措，是时刻保持解决大党独有难题的清醒和坚定、回答“六个如何始终”的现实需要，是转变工作作风、密切联系群众、提高履职本领、强化责任担当的有效途径。

二、总体要求

在全党大兴调查研究，要坚持以习近平新时代中国特色社会主义思想为指导，全面贯彻落实党的二十大精神，紧紧围绕党的理论和路线方针政策、党中央重大决策部署的贯彻执行，大力弘扬党的光荣传统和优良作风，突出问题导向和目标导向，促进广大党员、干部特别是领导干部带头深入调查研究，不断深化对党的创新理论的认识和把握，善于运用党的创新理论研究新情况、解决新问题、总结新经验、探索新规律，扑下身子干实事、谋实招、求实效，使调查研究工作同中心工作和决策需要紧密结合起来，更好为科学决策服务，为提高党的执政能力和领导水平服务，为完成新时代新征程的使命任务服务。在全党大兴调查研究，必须坚持党的群众路线，从群众中来、到群众中去，增进同人民群众的感情，真诚倾听群众呼声、真实反映群众愿望、真情关心群众疾苦，自觉向群众学习、向实践学习，从人民的创造性实践中获得正确认识，把党的正确主张变为群众的自觉行动。必须坚持实事求是，坚守党性原则，一切从实际出发，理论联系实际，听真话、察实情，坚持真理、修正错误，有一是一、有二是二，既报喜又报忧，不唯书、不唯上、只唯实。必须坚持问题导向，增强问题意识，敢于正视问题、善于发现问题，以解决问题为根本目的，真正把情况摸清、把问题找准、把对策提实，不断提出真正解决问题的新思路新办法。必须坚持攻坚克难，发扬斗争精神，增强斗争本领，勇于涉险滩、破难题，知难而进、迎难而上，把调查研究成果转化为推进工作、战胜困难的实际成效。必须坚持系统观念，深入实际、深入基层、深入群众调查了解情况，把握好全局和局部、当前和长远、宏观和微观、主要矛盾和次要矛盾、特殊和一般的关系，前瞻性思考、全局性谋划、整体性推进党和国家各项事业。

三、调研内容

在全党大兴调查研究，要紧紧围绕全面贯彻落实党的二十大精神、推动高质量发展，直奔问题去，实行问题大梳理、难题大排查，着力打通贯彻执行中的堵点淤点难点。各级党委（党组）要立足职能职责，围绕做好事关全局的战略性调研、破解复杂难题的对策性调研、新时代新情况的前瞻性调研、重大工作项目的跟踪性调研、典型案例的解剖式调研、推动落实的督查式调研，突出重点、直击要害，结合实际确定调研内容。主要是12个方面。

1. 贯彻落实党中央决策部署和习近平总书记对本地区本部门本领域工作重要指示批示精神的主要情况和重点问题。

2. 贯彻新发展理念、构建新发展格局、推动高质量发展中的重大问题，推进高水平科技自立自强，扩大国内需求、深化供给侧结构性改革、建设现代化产业体系、落实“两个毫不动摇”、吸引和利用外资，全面推进乡村振兴中的主要情况和重点问题。

3. 统筹发展和安全，确保粮食、能源、产业链供应链、生产、食品药品、公共卫生等安全，防范化解重大经济金融风险中的主要情况和重点问题。

4. 全面深化改革开放中的重大问题，重要领域和关键环节改革、推进高水平对外开放中的主要情况和重点问题。

5. 全面依法治国中的重大问题，完善中国特色社会主义法律体系、推进依法行政、严格公正司法、建设法治社会等主要情况和重点问题。

6. 意识形态领域面临的挑战，推进文化自信自强、建设社会主义文化强国和新闻舆论引导、网络综合治理中的主要情况和重点问题。

7. 推进共同富裕、增进民生福祉中的重大问题，巩固拓展脱贫攻坚成果、缩小城乡区域发展差距和收入分配差距的主要情况和重点问题。

8. 人民最关心最直接最现实的利益问题，特别是就业、教育、医疗、托育、养老、住房等群众急难愁盼的具体问题。

9. 牢固树立和践行“绿水青山就是金山银山”理念方面的差距和不足，推进美丽中国建设、保护生态环境和维护生态安全中的主要情况和重点问题。

10. 维护社会稳定中的重大问题，防灾减灾救灾和重大突发公共事件处置保障短板，处理新形势下人民内部矛盾和强化社会治安整体防控的主要情况和重点问题。

11. 全面从严治党中的重大问题，落实党的领导弱化虚化淡化、党组织政治功能和组织功能不够强，干事创业精气神不足、不担当不作为，应对“黑天鹅”“灰犀牛”事件和防范化解风险能力不强，形式主义、官僚主义，特权思想和特权行为等重点问题。

12. 本地区本部门本单位长期未解决的老大难问题。

四、方法步骤

在全党大兴调查研究，分为 6 个步骤。

（一）提高认识。各级党委（党组）要通过理论学习中心组学习、读书班等，组织党员、干部深入学习领会习近平总书记关于调查研究的重要论述，学习习近平总书记关于本地区本部门本领域的重要讲话和重要指示批示精神，继承和发扬老一辈革命家深入基层调查研究的优良作风，增强做好调查研究的思想自觉、政治自觉、行动自觉。

（二）制定方案。各级党委（党组）要围绕调研内容，结合本地区本部门本单位实际，广泛听取各方面意见，研究制定调查研究的具体方案，明确调研的项目课题、方式方法和工作要求等，统筹安排、合理确定调研的时间、地点、人员。党委（党组）主要负责同志要亲自主持制定方案。

（三）开展调研。县处级以上领导班子成员每人牵头 1 个课题开展调研，同时，针对相关领域或工作中最突出的难点问题进行专项调研。要坚持因地制宜，综合运用座谈访谈、随机走访、问卷调查、专家调查、抽样调查、统计分析等方式，充分运用互联网、大数据等现代信息技术开展调查研究，提高科学性和实效性。要深入农村、社区、企业、医院、学校、新经济组织、新社会组织等基层单位，掌握实情、把脉问诊，问计于群众、问计于实践。要转换角色、走进群众，了解群众的烦心事操心事揪心事，发现和查找工作中的差距不足。要结合典型案例，分析问题、剖析原因，举一反三采取改进措施。要加强督查调研，检查工作是否真正落实、问题是否真正解决。

（四）深化研究。全面梳理汇总调研情况，运用习近平新时代中国特色社会主义思想的世界观、方法论和贯穿其中的立场观点方法，进行深入分析、充分论证和科学决策。特别是对那些具有普遍性和制度性的问题、涉及改革发展稳定的深层次关键性问题，以及难题积案和顽瘴痼疾等，要研究透彻、找准根源和症结。在此基础上，领导班子交流调研情况，研究对策措施，形成解决问题、促进工作的思路办法和政策举措，确保每个问题都有务实管用的破解之策。

（五）解决问题。对调研中反映和发现的问题，逐一梳理形成问题清单、责任清单、任务清单，逐一列出解决措施、责任单位、责任人和完成时限。对短期能够解决的，立行立改、马上就办。对一时难以解决、需要持续推进的，明确目标，紧盯不放，一抓到底，做到问题不解决不松劲、解决不彻底不放手。

（六）督查回访。各级党委（党组）要建立调研成果转化运用清单，加强对调研课题完成情况、问题解决情况的督查督办和跟踪问效；领导干部要定期对调研对象和解决问题等事项进行回访，注意发现和解决新的问题。

五、工作要求

（一）加强组织领导。各级党委（党组）要高度重视调查研究工作，作出专门部署，科学精准做好方案设计、过程实施、监督问效等各个环节工作。党委（党组）主要负责同志负总责，抓好本地区本部门本单位调查研究的推进落实；班子其他成员各负其责，抓好分管领域和分管单位的调查研究工作。领导干部要带头开展调查研究，改进调研方法，以上率下、作出示范。

（二）严明工作纪律。调查研究要严格执行中央八项规定及其实施细则精神，轻车简从，厉行节约，不搞层层陪同。要采取“四不两直”方式，多到困难多、群众意见集中、工作打不开局面的地方和单位开展调研，防止嫌贫爱富式调研。要加强调研统筹，避免扎堆调研、多头调研、重复调研，不增加基层负担。要力戒形式主义、官僚主义，不搞作秀式、盆景式和蜻蜓点水式调研，防止走过场、不深入。要在调查的基础上深化研究，防止调查多研究少、情况多分析少，提出的对策建议不解决实际问题。对违反作风建设要求和廉洁自律规定的，要依规依纪严肃问责。

（三）坚持统筹推进。对表现在基层、根子在上面的问题，对涉及多个地区或部门单位的问题，上下协同、整体推动解决。统筹当前和长远，发现总结调查研究的有效做法和成功经验，完善调查研究的长效机制，使调查研究成为党员、干部的经常性工作，在全党蔚然成风、产生实效。

（四）加大宣传力度。充分利用党报、党刊、电视台、广播电台、网络传播平台等，采取多种多样的宣传形式和手段，大力宣传大兴调查研究的重要意义和各地区各部门各单位大兴调查研究的具体举措、实际成效，凝聚起大兴调查研究的共识和力量，营造浓厚氛围。

（新华社北京 2023 年 3 月 19 日）

第四章

“信访接待下基层”：

变“坐诊”为“出诊”，让矛盾纠纷在基层一线化解

扫一扫，观看

《陕西富县：“两说一联”推动信访矛盾源头化解》

枫桥旗正红

——浙江坚持和发展新时代“枫桥经验”纪实

这是一项发端于基层的治理经验。“发动和依靠群众，坚持矛盾不上交，就地解决，实现捕人少、治安好”——1963 年，萌生于浙江省绍兴市诸暨枫溪江畔的“枫桥经验”享誉全国，并迅速向全国推广。

这是一面一代代传承的光荣旗帜。“小事不出村、大事不出镇、矛盾不上交”——60 年来，伴随着时代不断发展，“枫桥经验”与时俱进、历久弥新，不断丰富精神内涵，持续释放治理效能。

“要坚持和发展新时代‘枫桥经验’，完善正确处理新形势下人民内部矛盾机制，及时把矛盾纠纷化解在基层、化解在萌芽状态”——无论是在浙江工作期间还是党的十八大之后，习近平总书记都高度重视坚持和发展“枫桥经验”。

走过 60 年峥嵘岁月，在“枫桥经验”的诞生地浙江，在习近平新时代中国特色社会主义思想指引下，之江大地正汇集全体人民的智慧和力量，不断坚持和发展新时代“枫桥经验”，全面推进平安浙江、法治浙江建设，在创新基层治理体系和治理能力现代化的体制机制方面不断发力，奋力谱写中国式现代化浙江新篇章。

基层智慧成治理之策

诞生于20世纪60年代的“枫桥经验”，源于浙江诸暨枫桥干部群众的创造和政法工作的生动实践，因为其强大的群众基础，成为新中国巩固基层政权和强化基层治理的一大重要实践创新。

伴着枫溪江的潺潺流水，“枫桥经验”从枫桥出发，不断与时俱进，创造性解决不同时期的社会矛盾和问题，呈现出持续旺盛的生命力。

党的十八大以来，习近平总书记提出一系列社会治理的新理念、新思想，多次对坚持和发展“枫桥经验”作出重要指示，为“枫桥经验”赋予新的时代内涵，使其在服务群众、化解矛盾等工作中发挥出更大效能，形成了特色鲜明的新时代“枫桥经验”。其内涵是，坚持和贯彻党的群众路线，在党的领导下，充分发动群众、组织群众、依靠群众解决群众自己的事情，做到“小事不出村、大事不出镇、矛盾不上交”。

从“靠山吃山”到“保山护山”，诸暨市枫桥镇枫源村几次重要的发展跑道转换，都由老百姓拿主意，村里已连续18年实现“群众零上访、干部零违纪、百姓零刑事、村民零邪教”。

“大家的事还得大家来讨论。”枫源村党总支书记骆根土说，“零上访”不是说村里没有事儿，而是不等到村民上访，村干部就先上门，把该解决的问题尽快解决好。

枫源村的变与不变，是之江大地坚持和发展新时代“枫桥经验”的缩影。

20年来，浙江将创新发展“枫桥经验”作为平安建设的总抓手、深入实施“八八战略”的重要保证，各地党政主要领导推动“枫桥经验”拓展到城镇社区、海上渔场、网络空间等领域。

浙江省委政法委常务副书记卫中强说，坚持和发展新时代“枫桥经验”，浙江走出了两条曲线，一条是人民群众安全感、满意率逐年提升的“上行线”；一条是各类案事件持续下降的“下行线”。

“新时代‘枫桥经验’已经成为基层社会治理的一面旗帜、中国之治的一张名片。”浙江省新时代“枫桥经验”研究院院长金伯中说。

历久弥新的“枫桥经验”

在浙江干部群众眼中，发源于基层的“枫桥经验”是做好群众工作的“传家宝”、常学常新的“活教材”。

将为了人民、依靠人民作为创新发展的基本点，“枫桥经验”在新时代伟大实践中丰富发展，展现出永不褪色的魅力，成为依靠群众进行社会基层治理创新的代名词。

——“枫桥经验”能永葆生机与活力，就在于坚持党的领导这一根本原则，坚守以人民为中心这一根本立场。

绍兴市委书记温暖说，必须充分发挥党的政治优势，实现党领导下的政府治理和社会调节、居民自治良性互动。在“枫桥经验”的发源地诸暨，各类社会组织承担起补充完善社会服务、发现化解矛盾纠纷等功能，让百姓成为社会治理的主人公。

位于舟山群岛的沈家门是我国最大的天然渔港，过去因渔业生产、海损事故等引发的矛盾纠纷量大面广。当地创新开展“航行的支部”海上党建，将风险第一时间化解在前端，近三年共处置海陆各类纠纷 4500 余起，涉及金额 4435 万余元，海上矛盾纠纷调处率达 98.8%。

——新时代“枫桥经验”最突出的特点，就是牢牢抓住基层基础，最大限度把矛盾风险防范化解在基层。

统计显示，浙江全省共建成群防群治力量 200.7 万人，义务性治安巡防人员 124.2 万人，配备专兼职网格员 95.5 万人。“从‘做群众工作’到‘群众做工作’。”浙江省公安厅副厅长魏明说，一切为了群众、一切依靠群众，是“枫桥经验”不变的初心。

杭州市西湖区北山派出所组建了“星火联盟”“青北义警”等数十支“义警”队伍，总计约 1700 人，快递小哥、居民群众纷纷参与，活跃在风险排查、矛盾调解中；还组织了“熊猫老人守护队”“小芽儿成长服务队”。该所所长凤素芳说，警力有限，民力无穷，坚持群众路线才能从小治安到大平安。

以“武林大妈”“东海渔嫂”“平安大姐”等一批社会组织和社会工作者、社会志愿者队伍为代表，群防群治、共建共享在浙江蔚然成风，平安建设深入人心。

——依靠数字赋能感知民意，新时代“枫桥经验”贯穿于平安浙江建设的始终。

以民意为导向，浙江借助数字化手段感知民意，主动回应人民群众需求，让人民群众成为基层社会治理最大的受益者、践行者、评判者。

嘉兴南湖畔，“民声一键办”改革模式实现“12345”“110”与基层智治综合应用平台互联互通，群众无论打哪个电话，内部都能无障碍流转。在嵊州市，基层干部的民情日记依托5G、人工智能等技术实现迭代升级。“从‘小本子’到‘大治理’，不变的是为民初心。”嵊州法院甘霖法庭庭长应晓东说，他所在的法庭完成了数字化、信息化和自动化全面升级，当事人足不出户就能全流程办理诉讼事务。

持续擦亮新时代“枫桥经验”“金名片”

人民是建设中国式现代化最坚实的依托。在迈上全面建设社会主义现代化国家新征程、向第二个百年奋斗目标进军的关键时刻，新时代“枫桥经验”承担重大历史使命，对推进中国式现代化具有重要意义。

新时代“枫桥经验”的实践证明，要适应时代要求，创新群众工作方法，夯实基层基础，善于在法治轨道上化解矛盾纠纷。

浙江各地坚持循法善治，建立重大决策社会稳定风险评估制度，组织开展公民法治素养提升行动，引导群众依法表达诉求、维护权益。宁波市公安局局长王顺大说：“专门工作和群众工作相结合，依靠群众、依靠法治才能走好发展路。”

浙江省高院推出在线矛盾纠纷多元化解平台，解纷新阵地“共享法庭”覆盖全省乡镇、街道。目前浙江约50%的民事纠纷通过调解实质性化解在前端。

大力发扬新时代“枫桥经验”优良传统，要关口前移，聚焦问题、实干担当，在实践中不断创新发展。

新时代“枫桥经验”以群众路线为一以贯之的灵魂。数字科技使“枫桥经验”如虎添翼，在社会治理中展现出独特的创造性和优越性。

秋冬时节，一些农村地区焚烧秸秆，污染环境也极易引发火情，是长期困扰基层治理的隐患点。在宁波市社会治理综合服务中心，通过智能摄像头，这些隐患点被自动捕捉，及时预警，并形成待办事项实时推送乡镇处置。

“宁波已建成全量矛盾纠纷数据库，通过技术赋能，‘枫桥经验’防范化解矛盾的治理效能被进一步释放。”宁波市委政法委副书记金伟说。

新时代“枫桥经验”的理念、制度与方法具有鲜明的中国特色，也具有世界性的普遍意义。

在浙江的义乌国际商贸城、中国轻纺城等采购市场，杭州市萧山区钱江世纪城等新经济发达之地，有大量外籍客商和创业人士，近年来，越来越多“洋娘舅”主动参与基层治理，活跃在调解矛盾的第一线。义乌至今活跃着一支 18 名外籍人士组成的调解队伍，义乌国际商贸城司法所所长骆跃军说，在中国多年，这些调解员在生意往来中，不可避免地遇到过矛盾纠纷，切身经历让他们相信“中国式调解”是一种智慧高效的解决纠纷途径。

越地起长歌，枫桥旗正红。

“新形势下，浙江上上下下要坚决落实习近平总书记的要求，以平安浙江、法治浙江为抓手，坚持和发展新时代‘枫桥经验’，更好地把制度优势转化为治理效能。”浙江省委主要负责同志表示，“浙江要以勇当中国式现代化先行者的姿态，不断在社会治理现代化上发挥示范引领作用，持续擦亮新时代‘枫桥经验’‘金名片’，实现社会治理现代化水平明显提升。”

（新华社记者　邬焕庆、方益波、方问禹、马剑、吴帅帅）

贯彻群众路线　做好信访工作

全心全意为人民服务是党的根本宗旨，群众路线是党的生命线和根本工作路线。习近平总书记在党的二十大报告中强调，“全党要坚持全心全意为人民服务的根本宗旨，树牢群众观点，贯彻群众路线，尊重人民首创精神，坚持一切为了人民、一切依靠人民，从群众中来、到群众中去”。我们党的最大政治优势是密切联系群众，保持党同人民群众的血肉联系，是我们党永远立于不败之地的根基，是我们党无往而不胜的法宝。信访工作是党的群众工作的重要组成部分，信访制度是践行党的群众路线的具体制度形式。党的二十大报告要求“加强和改进人民信访工作”。新时代新征程上，必须牢固树立群众观念，维护群众合法权益，创新群众工作方法，提高群众工作能力，把党的群众路线贯彻到信访工作全过程；必须深刻领悟“两个确立”的决定性意义，增强“四个意识”、坚定“四个自信”、做到“两个维护”，在党的坚强领导下奋力谱写信访工作新篇章。

一、牢固树立群众观念，坚决扛起信访工作为民解难、为党分忧的政治责任

习近平总书记指出，人民立场是中国共产党的根本政治立场，是马克思主义政党区别于其他政党的显著标志。中国共产党的领导，就是支持和保证人民实现当家作主，要实现好、维护好、发展好最广大人民的根本利益。信

访工作要践行以人民为中心的发展思想，“把屁股端端地坐在老百姓的这一面”，真诚倾听群众呼声，真实反映群众愿望，真情关心群众疾苦，更好地履行为民解难、为党分忧的政治责任。

加强党对信访工作的全面领导。习近平总书记指出，中国特色社会主义最本质的特征是中国共产党领导，中国特色社会主义制度的最大优势是中国共产党领导。党的二十大报告把“坚持和加强党的全面领导”作为全面建设社会主义现代化国家必须牢牢把握的5条重大原则之一。坚持和加强党的全面领导是信访工作始终沿着正确政治方向前进的根本保证，也是信访工作践行全心全意为人民服务根本宗旨的内在要求。要坚持以习近平新时代中国特色社会主义思想为指导，贯彻落实习近平总书记关于加强和改进人民信访工作的重要思想，把党的领导贯彻到信访工作各方面全过程。自觉把信访工作放到党和国家工作大局中谋划推进，坚守人民情怀，坚持底线思维，为服务党和国家工作大局、维护群众合法权益、化解信访突出问题、促进社会和谐

2022年11月22日，在江苏省常州市武进区人民来访接待中心，党的二十大代表与武进区信访局党员干部交流学习党的二十大精神体会，讨论如何在基层信访工作中抓好贯彻落实。

江苏省常州市武进区信访局供图 徐晶玮／摄

稳定发挥更大作用。健全完善党领导下的信访工作体制，构建党委统一领导、政府组织落实、信访工作联席会议协调、信访部门推动、各方齐抓共管的工作格局。信访工作联席会议作为加强党对信访工作全面领导的重要抓手，要发挥好统筹协调、整体推进和督促落实的职责作用。

信访是送上门来的群众工作。习近平总书记在党的二十大报告中指出："江山就是人民，人民就是江山。中国共产党领导人民打江山、守江山，守的是人民的心。"在2022年春季学期中央党校（国家行政学院）中青年干部培训班开班仪式上，习近平总书记强调，"贯彻党的群众路线，首先要对群众有感情，真正把自己当作群众的一员、把群众的事当作自己的事"，"信访是送上门来的群众工作，要通过信访渠道摸清群众愿望和诉求，找到工作差距和不足，举一反三，加以改进，更好为群众服务"。人民立场是信访工作的根本立场，人民至上是信访工作的价值追求，群众工作属性是信访工作的根本属性。要把心贴近人民，把人民放在心中最高位置，把群众来信当家书，把来访群众当家人，把群众事情当家事，全力以赴解决好群众的急难愁盼问题。及时解决群众通过信访渠道反映的合理合法诉求，既解决实际利益问题，也化解好群众思想上的疙瘩、情绪上的对立，把党和政府的温暖传递到千家万户，为党和国家事业发展凝聚民心，厚植党长期执政的群众基础。

坚持以群众满意为根本标准。"时代是出卷人，我们是答卷人，人民是阅卷人。"想问题、作决策、办事情，应该把人民群众拥护不拥护、赞成不赞成、高兴不高兴、答应不答应作为衡量一切工作得失的根本标准。要始终坚持"人民满意"的价值追求，把人民群众的权益受到公平对待、利益得到有效维护作为评价信访工作的重要标尺。建立健全信访事项监督评价机制，坚持信访工作由群众评价，受群众监督，进一步增强信访工作透明度和公正性，切实保障信访群众的知情权、参与权和监督权。切实提升信访事项办理业务规范化水平，推动问题更加高效解决。严格落实信访工作责任，精益求精办理群众来信，耐心细致接待群众来访，努力保证信访群众每一个诉求都能得到认真负责处理，信访群众从每一件信访事项解决中都能感受到公平正义，创造经得起历史检验、经得起人民评判的工作业绩。

二、维护群众合法权益，把解决信访问题的过程作为践行党的群众路线的过程

习近平总书记在党的二十大报告中指出，“要实现好、维护好、发展好最广大人民根本利益”，“畅通和规范群众诉求表达、利益协调、权益保障通道”。信访制度是我国民主政治制度的一项重要内容，是群众权利救济的重要补充渠道，承载着解决群众合理诉求、维护群众合法权益的重要功能，做好信访工作是做好群众工作的具体体现。

畅通诉求表达通道。群众向党委和政府反映诉求、意见和建议，是对党委和政府的信任，是行使民主权利的重要方式。习近平总书记历来高度重视并亲力亲为信访工作。在河北正定工作时，在大街上摆桌子听取群众意见建议、发放问卷调查表了解民情。在福建宁德、福州等地创造了“四下基层”（信访接待下基层、现场办公下基层、调查研究下基层、宣传党的方针政策下基层）、“四个万家”（进万家门、知万家情、解万家忧、办万家事）等工作模式。在浙江工作时，亲自带领省市县三级主要领导到当时矛盾集中、群众意见较大的浦江县接待来访群众，让群众更方便地反映信访诉求。党的十八大以来，习近平总书记多次直接回复群众来信，这些回信内容丰富、饱含深情、催人奋进，在全社会引发热烈反响。要进一步畅通信访渠道，拓展倾听群众呼声的工作载体和平台，保障群众意见有地说、有人听、有人管。坚持把党员干部下访和群众上访结合起来，打通基层信访“堵点”。进一步规范和完善信访事项办理程序，及时高效解决问题，确保群众诉求表达、利益协调、权益保障通道畅通无阻。

及时反映社情民意。习近平总书记指出，各级党委、政府和领导干部要坚持把信访工作作为了解民情、集中民智、维护民利、凝聚民心的一项重要工作，千方百计为群众排忧解难。党和政府制定实施的各项政策措施，是不是符合人民群众的根本利益，是不是得到有效落实，人民群众自身感受最真切。通过信访渠道，社会各群体可以对社会治理各方面提出意见建议，表达

对公共政策和涉及公共利益决策的看法，反映法律、法规和政策等实施中存在的问题。要紧紧盯住教育、医疗、养老社保、生态环保、安全生产、食品药品安全等领域群众反映强烈的突出问题，加强综合分析研判和政策实施效果评估，及时发现苗头性、趋势性、普遍性问题，为党委和政府科学民主决策提供参考。主动开展人民建议征集工作，汇集群众的真知灼见，把群众的智慧和力量转化为宝贵的执政资源。

解决群众合理诉求。习近平总书记多次指出，“民生无小事，枝叶总关情”，要求维护人民根本利益。维护群众合法权益，解决信访突出问题，是信访工作的出发点和落脚点。近年来，国家信访局按照中央信访工作联席会议部署，在全国开展了治理重复信访、化解信访积案专项工作，解决了一大批信访积案，有力维护了群众合法权益和社会大局稳定。信访工作要坚持问题导向、目标导向和效果导向相统一，按照诉求合理的解决问题到位、诉求无理的思想教育到位、生活困难的帮扶救助到位、行为违法的依法处理的要求，及时就地解决群众合法合理诉求，把群众呼声反映好、信访事项处理好、合法权益维护好。盯住群众关注、积压时间较长的“钉子案”、“骨头案”，加大攻坚化解力度，努力做到“事心双解”。要健全信访部门与其他职能部门处理信访问题的衔接机制，做到依法合理分流、主动承接办理，保障群众合理合法诉求依照法律规定和程序就能得到合理合法结果。

三、创新群众工作方法，加强和改进人民信访工作

习近平总书记在党的二十大报告中指出，“健全共建共治共享的社会治理制度，提升社会治理效能”，“完善正确处理新形势下人民内部矛盾机制”。党的十八大以来，习近平总书记高度重视社会治理工作，强调“坚持社会治理为了人民，善于把党的优良传统和新技术新手段结合起来，创新组织群众、发动群众的机制，创新为民谋利、为民办事、为民解忧的机制，让群众的聪明才智成为社会治理创新的不竭源泉”，党中央多次提出改革信访工作制度、完善信访制度的明确要求。信访部门要紧跟党中央重大决策部署、紧贴人民

群众新要求新期待、紧扣推进国家治理体系和治理能力现代化，找准着力点和突破口，继续在信访工作改革创新上下功夫，不断提升信访工作法治化、信息化、科学化水平。

2022 年 10 月 31 日，新疆塔城地区信访局依托“访惠聚”驻村工作队，以弹唱的形式向塔城市二工镇南湖社区居民宣讲党的二十大精神。 新疆塔城地区信访局供图

用法治思维和法治方式化解信访矛盾。习近平总书记指出，各级领导干部要提高运用法治思维和法治方式深化改革、推动发展、化解矛盾、维护稳定能力，努力推动形成办事依法、遇事找法、解决问题用法、化解矛盾靠法的良好法治环境，在法治轨道上推动各项工作。运用法治思维和法治方式开展工作、解决问题，最具权威性，也最少后遗症。要坚持用法治思维谋划和推动信访工作，健全完善符合中国国情、体现法治精神、务实管用有效的信访工作法规制度体系。扎实推进《信访工作条例》的落地落实，地方各级党委和政府要把学习贯彻条例摆上重要议事日程，在组织领导、源头预防、畅通渠道、问题解决、多元化解、保障监督等方面，健全配套制度，确保信访工作制度规范系统完备、高效运行。按照条例规定的程序和时限处理信访事

项，依法按政策解决群众诉求，维护信访秩序，努力实现政治效果、法律效果、社会效果的有机统一。

走好网上群众路线。习近平总书记强调，善于运用网络了解民意、开展工作，是新形势下领导干部做好工作的基本功。信访工作顺应信息时代潮流，网上信访已成为群众信访重要渠道，实现了让数据多跑路、群众少跑腿。目前，已经有45个中央和国家机关接入国家信访信息系统，全国各级信访工作机构已全部接入国家信访信息系统，实现了全国信访系统信息化全覆盖。近年来，群众通过网上信访形式反映诉求占登记信访总量的七成，一次性化解率明显提升，更多群众选择通过网上信访反映情况、提出建议、意见或投诉请求。要构建完善信访业务信息工作平台，推动信访工作实现信息化、数字化、智能化。加强国家信访信息系统的联通应用，完善跨层级、跨地域、跨部门信访数据共享平台，强化信访大数据分析利用，加强重点问题、重点领域、重点地区等方面信访问题综合分析，推动政策性问题批量解决，进一步推动信访工作创新发展。

改革和完善信访工作机制。“改革永远在路上，改革之路无坦途。”改革是信访工作创新发展的不竭动力，也是信访工作鲜明的时代特征。要围绕全面建设社会主义现代化国家的总体布局，深入研究推进新时代人民信访工作的主要目标、重点任务和重大举措。进一步总结党的十八大以来信访制度改革成功实践，巩固拓展信访工作联席会议机制、领导干部下访、联合接访、重复信访治理、信访工作示范县创建、大督查大接访大调研活动成果，积极构建科学完备的领导体制、工作格局、责任体系和考核机制等。围绕维护国家安全和社会稳定的工作要求，聚焦影响国家安全、社会安定、人民安宁的信访突出问题，进一步完善化解矛盾纠纷、防范风险隐患机制等，更好发挥社情民意“晴雨表”、化解矛盾“减压阀”、保障安全“稳定器”作用。

四、不断夯实信访工作基础，正确处理新形势下人民内部矛盾

习近平总书记在党的二十大报告中强调，“在社会基层坚持和发展新时

代‘枫桥经验’”。党的十八大以来，习近平总书记高度重视基层工作，要求各级都要重视基层、关心基层、支持基层，强调牢固树立大抓基层的鲜明导向。信访部门必须注重深入基层，提高调查研究能力；倾听民意，提高科学民主决策能力；直面矛盾，提高解决问题能力；回应群众呼声，提高宣传群众、组织群众能力，构筑起服务群众、化解矛盾、思想疏导、消除隐患的“第一道防线”。

加强矛盾纠纷源头治理。习近平总书记指出，要加强风险研判，加强源头治理，努力将矛盾纠纷化解在基层、化解在萌芽状态。信访部门要积极参与重大决策社会稳定风险评估，对群众反映强烈的问题提出决策建议，最大限度地避免和减少因决策不依法、不科学、不民主引发的矛盾和问题。各级职能部门要坚持依法行政、依法办事，坚决防止因不作为、乱作为、慢作为侵害群众合法权益。要通过群众信访反映，及时改进和完善相关政策，使各项政策举措更加符合实际、顺应民意，更好服务经济社会平稳健康发展。

浙江省杭州市淳安县坚持重心下移、力量下沉，通过流动接访、入户走访等方式倾听群众心声，收集问题线索，推动解决群众急难愁盼问题。图为 2022 年 6 月 16 日，工作人员在威坪镇妙石村开展流动接访。

《求是》图片　谢航凯 / 摄

主动排查化解矛盾纠纷。习近平总书记指出，要全面排查各种社会矛盾，加强分析研判，把握各种潜在风险因素，主动进行防范化解。这就要求必须加大对信访形势和突出矛盾的分析研判力度，健全完善排查化解、风险评估、应急处置、舆论引导等工作机制。始终把化解信访突出矛盾摆在重要位置，对于共性问题，要深入分析背后的政策原因，加大政策供给、督导落实和具体指导力度；对于个性问题，要在依法按政策解决合理诉求的同时，深入细致地做好教育疏导工作，把政策讲清、把道理讲透。更加注重化解实效，大力推进领导干部下访接访，及时准确了解群众所思、所盼、所忧、所急，把群众工作做实、做深、做细、做透。

全面提升基层化解能力。习近平总书记指出，要“完善社会矛盾纠纷多元预防调处化解综合机制，切实把矛盾化解在基层，维护好社会稳定”。从工作实践看，基层是群众信访的源头，又是解决信访反映问题的关键。源头治理、基层基础是信访工作的重点重心。要充分发挥县级基础性作用，加强社会矛盾纠纷调处化解中心建设，在乡镇（街道）建立完善信访工作联席会议机制，推动更多力量向基层下沉、向引导和疏导端用力，努力减少信访上行。不断做精网格治理，充分整合基层社会治理资源，拓宽社会力量参与信访工作的制度化渠道，及时协调解决群众合理诉求，做到问题不累积、矛盾不升级、风险不扩散。加强作风建设，严守政治纪律和政治规矩，锲而不舍落实中央八项规定精神，坚决克服形式主义、官僚主义等突出问题，用信访工作实际成效为全面建设社会主义现代化国家、全面推进中华民族伟大复兴贡献力量。

（李文章　国务院副秘书长，国家信访局党组书记、局长）

把信访这个“送上门的群众工作”办好办实

——新时代信访工作维护群众权益促进社会和谐

信访工作是“送上门的群众工作”。党的十八大以来，以习近平同志为核心的党中央高度重视信访工作，对信访工作作出一系列重要决策部署。特别是党的十九大以来，信访工作制度改革走向深入，化解信访积案成效显著，信访形势持续向好，有力地维护了民利、凝聚了民心，促进社会和谐发展。

制度愈加完善，构建信访工作新格局

县委书记担任县信访工作联席会议总召集人，每年专题部署开展信访工作，每月集中接访约访，县、乡、村三级书记上下联动抓信访……近年来，福建宁德霞浦县充分发挥信访工作联席会议制度优势，解决了大量群众急难愁盼问题。

信访工作联席会议机制，是加强党对信访工作全面领导的重要抓手，也是党的十九大以来信访工作制度改革的一大亮点。通过一系列制度安排，我国逐步建立起党委统一领导、政府组织落实、信访工作联席会议协调、信访部门推动、各方齐抓共管的信访工作新格局，形成信访工作整体合力。

中共中央、国务院近期印发的《信访工作条例》，自 2022 年 5 月 1 日起施行。从明确党中央加强对信访工作的统一领导，到规定地方党委领导本地

区信访工作，再到明确党委和政府信访部门是开展信访工作的专门机构……这部条例构建了党政同责、一岗双责的信访工作责任体系，是新时代信访工作制度改革的标志性成果。

循法而行，依法而治。沿着法治化轨道，信访工作制度改革阔步向前。

首次颁布实施信访工作五年规划；印发关于加强新时代网上信访工作的意见；推进诉访分离、依法分类处理、信访工作责任制……在党中央、国务院的坚强领导下，国家信访局系统谋划、全面推进信访工作制度改革，取得明显成效。

信访工作，根基在基层。近年来，国家信访局部署开展全国信访工作示范县（市、区、旗）创建活动，加快构建源头预防、排查梳理、纠纷化解、应急处置的信访矛盾综合治理机制，夯实信访工作基层基础。据统计，目前我国县级信访工作联席会议机制覆盖率已近八成。

聚焦突出问题，着力提升群众获得感

信访突出问题，事关群众切身利益、社会和谐稳定。

因经营不善，山东德州某机械厂长期拖欠职工工资、欠缴社保费，职工多次通过信访渠道集体反映问题。2020 年，德州市政府主要领导对这一信访积案进行包案，成立由多家单位组成的工作专班予以化解。目前，该厂在职员工医保、退休员工养老待遇问题已全部解决。

针对影响群众获得感的信访突出问题，党的十九大以来，中央信访工作联席会议先后部署开展涉疫信访矛盾排查化解专项行动、治理重复信访化解信访积案专项工作等，带动各地自行排查交办信访积案，一些重点领域、重点群体突出矛盾明显缓解。

为推动专项工作落地落实，国家信访局深入开展“大督查大接访大调研”活动，班子成员、各司室 78 批次 279 人次分赴各地调研督导，对发现的问题督促整改。

各地各有关部门还坚持标本兼治，不断探索预防和化解矛盾纠纷的长效机制。河北对重点领域信访问题开展专项整治；内蒙古、江西以双交办双建账、双核查双督办压实工作责任；山西、湖南、四川加强政策攻关化解突出问题；黑龙江、湖北、宁夏综合运用法律、政策、调解、听证等措施力促“事心双解”……据统计，各地信访积案化解率超九成，全国重复信访呈现下降趋势。

把担当扛在肩上、把责任挺在前头。党的十九大以来，国家信访局坚持在群众工作第一线、化解矛盾最前沿历练培养工作队伍，推动干部作风持续转变。以白国龙、米玛扎西等“最美信访干部”为代表的先进典型不断涌现，逾 2000 人获得省部级以上表彰奖励……这些在基层默默耕耘的信访干部，成为连接党委政府与人民群众的“贴心人”。

畅通民意渠道，提升社会治理水平

2021 年 5 月，河南许昌居民李某通过手机短信，向信访部门反映了家中因丈夫过世、儿子病情恶化引发的生活困难问题。仅仅 6 天之后，李某的儿子就得到了救助并住院治疗。

让数据多跑路、群众少跑腿。近年来，全国信访系统凭借信息技术的“东风”，不断完善网上受理信访制度，健全“阳光信访新模式”。

——构建集投诉、办理、查询、跟踪、督办、监督、评价于一体的全国网上信访综合应用工作平台，公开信访事项办理过程、方式、结果。目前，国家信访信息系统在全国四级近 9 万个单位间实现互联互通，信访事项平均办理时长由 5 年前的 21.5 天缩短至 14.6 天，群众满意度明显提升。

——畅通拓宽网上人民建议征集渠道，加大人民建议征集、分析研究和成果转化，把人民群众的“金点子”转化为服务经济社会发展的“金钥匙”。以北京市为例，5 年来借助媒体和网络平台征集群众建议近 10 万件，95% 的建议转化为工作研究和实际应用，为党委政府科学民主决策提供了重要参考。

——对标对表党和国家事业发展大局，围绕民生领域问题以及经济社会发展新情况、新动向加强综合分析研判，提出前瞻性、针对性意见建议，推动相关部门出台专门意见、开展专项行动、进行专项治理等，从政策层面推动问题解决。

各地还不断发展新时代“枫桥经验”，浙江 90 个县（市、区）、镇（街道）、村（社区）三级实现矛盾纠纷调处化解中心全覆盖，为民众“一站式解忧”；深圳光明区探索群众诉求服务“光明模式”，打造“500 米群众诉求服务圈”……一个个基层治理创新经验，汇聚成共建共治共享的强劲动力。

群众利益无小事，一枝一叶总关情。

国务院副秘书长、国家信访局党组书记、局长李文章表示，全国信访系统将坚持以习近平新时代中国特色社会主义思想为指导，深入贯彻落实党中央、国务院关于信访工作的重大决策部署，学习贯彻《信访工作条例》，精准把握新时代信访工作的基本原则和总体要求，坚决落实好为民解难、为党分忧的政治责任，持续推动“十四五”时期信访工作发展规划的实施，不断开创新时代信访工作新局面。

（新华社记者　翟翔、白阳）

“治重化积”，信访积案有新解

2020年8月，“治理重复信访、化解信访积案”专项工作在全国部署开展。《半月谈》记者近期在多地调研发现，通过近3年的工作，一大批时间长、难度大、涉及面广的“骨头案”“钉子案”得到有效解决。

一大批积案得到化解

黑龙江省宁安市宁安镇高厚（化名）多次上访，反映土地征收补偿不合理问题。为此，宁安镇政府出具信访事项处理意见书，并由镇政府与被征收土地的农户代表召开座谈会，就征收方案征求意见。超八成农户通过了征收方案。对其余不同意的农户，镇政府也耐心做好政策解答和思想工作。最终，高厚认可了方案，不再上访。

这是我国过去3年信访工作的一个缩影。《半月谈》记者走访发现，各地结合实际情况全力攻坚，一大批历史遗留信访积案和突出问题妥善解决。

多位受访干部表示，信访积案难案大多时间跨度长、涉及主体多、成因复杂，需要抽丝剥茧还原事实，也需要摈弃过去“先入为主”的定式思维和“无法化解”的固化心态，认真检视之前工作中的瑕疵和短板。

50名省级领导包案研究化解方案、约谈信访群众、听取情况汇报，推动220件重大疑难复杂信访事项妥善解决；511名厅级领导包案化解935件重复信访事项……在四川，中央交办的12972件重复信访事项已成功化解超过九成。

破解"骨头案""钉子案"，也要突出做好"人"的思想疏导工作，想方设法拓宽化解路径，用足用活法规政策，着力解决群众的合理诉求。对此，四川依托信访事项第三方评估，逐案组建"三人专家组"，从信访人社会关系、生产生活现状等方面，找准突破口，情理法并用，想方设法打开群众心结。

黑龙江省宁安市则探索将心理学引入信访工作，建立心理咨询室，配备专业心理咨询师，开展了心理学系列教育活动，让信访干部能够通过心理咨询的技术与方法解决信访问题。

通过"治重化积"完善制度机制

"治重化积"，不仅要解决群众急难愁盼的问题，还要推动矛盾纠纷得到系统性、政策性解决。

因经营不善，成都市武侯区汇金广场大面积拖欠投资者租金，涉及业主2700余户，资金7亿余元，投资者多次上访。为推动问题化解，成都市武侯区确立了"刑民交叉，刑事优先民事；府院联动，整合各方资源；依靠群众，畅通交流渠道"的工作思路。最终，武侯区法院对汇金广场项目大楼挂网进行公开拍卖，分别于2022年1月底和6月底分两批次将租金返还投资人，剩余价款根据破产清算受偿顺位缴纳税费和返还债权人，受偿比例得到投资群众认可。一个多次重复信访案件得以成功化解，由此形成的解决思路也成功运用于该省多个"问题楼盘"的矛盾化解中。

省委常委会专题研究部分突出问题的化解措施，及时出台解决小微企业生产经营难的政策；深入开展十大领域信访突出问题化解专项行动，排查出房地产、投融资等突出问题4.2万件并妥善化解……一个个"骨头案"的化解让制度更完善、机制更顺畅。

重复信访的源头是初访，通过源头治理才能遏制重复信访。四川把"治重化积"专项工作审核化解倒流督办模式引入初次信访事项办理，办理时限缩短至受理之日起30日，对办结后信访人重复信访的，全部实行分类督办、提级办理；贵州省息烽县探索建立"6+N"巡回接访制度，组建以信访、公安、法院、检察院、司法、综治 6 家单位为班底，县直其他部门为补充的巡回接访工作队伍，利用乡镇赶集日，到乡镇、村居巡回接访群众。

各地还不断发展新时代“枫桥经验”。浙江 90 个县（市、区）、镇（街道）、村（社区）三级实现矛盾纠纷调处化解中心全覆盖，为民众“一站式解忧”；深圳光明区探索群众诉求服务“光明模式”，打造“500 米群众诉求服务圈”……一个个创新经验，汇聚成共建共治共享的强劲动力。

完善诉访分离，完善退出机制

在一些地方，深入推进“治重化积”仍困扰基层。对此，受访干部、专家提出建议。

——细化诉访分离制度，着力解决司法终结事项责任不明确问题。四川、

天津市宁河区社会矛盾纠纷调处化解中心为来访群众进行导访。　宋瑞／摄

黑龙江等地信访干部表示，当前多数涉法涉诉事项已在法院审理或已有审判结果，信访人对法院判决不满意、不认可，却不愿意走司法诉讼渠道，选择信“访”不信“法”，以“访”向“法”施压，应严格按照《信访工作条例》有关规定，涉法涉诉类案件直接转同级政法部门，不再交由属地信访部门转办。

还有干部指出，按有关文件要求，司法终结后的涉法涉诉矛盾纠纷由基层党委政府继续做好化解工作，但并未明确具体部门，导致责任不明晰，终结移交不顺畅，基层责任单位和信访部门存在抵触情绪，后续化解工作效果不佳，建议出台相关文件对司法终结涉法涉诉案件的移交程序、后续工作责任主体、信访部门的职责等内容进行明确和细化，切实落实好诉访分离政策。

——建立健全终结退出机制，着力解决信访“负导向”问题。多位信访干部指出，在重复信访群体中，以访牟利、以访施压心理较为普遍，“大闹大解决、小闹小解决”现象依然存在。建议对那些已按照“三到位”要求办理到位的案件，予以信访程序终结，并建立案件终结数据库，退出信访办理程序，进行登记和上下信息互通，不再就个案予以交办督办，而通过党委政法委转属地，压实属地化解稳定责任。同时，对于案件已终结信访人仍长期以访施压、非理性信访的，依法纳入社会征信体系或追究法律责任。

——强化源头预防前期处置，着力降低“初转重”比例。相较初次信访，重复信访事项更为复杂，重复信访人“怨气”更重，也极易影响社会大局和谐稳定。建议进一步健全完善初次信访办理机制，加大对信访事项发生率、一次性化解率、重复信访发生率等内容的考察考核力度，确保“党政同责、一岗双责，属地管理、分级负责，谁主管、谁负责”的原则落地落实，防止“初转重”，从源头解决重复信访居高不下的问题。

（《半月谈》记者　吴光于、董宝森、汪军）

“信访代办”，矛盾化解在基层

“牧民的草场被车轧了，哪个部门管？”前不久，内蒙古锡林郭勒盟正镶白旗宝力根陶海苏木嘎查网格员布仁吉日嘎拉在入户排查时，遇到当地牧民向他反映其所在小组草场被道路施工车辆碾轧的事情。

布仁吉日嘎拉了解详情后，报请嘎查“两委”进行会商研判。嘎查安排信访代办员乌其日拉联系当事人，在确定该问题符合信访代办的受理范围后，乌其日拉随即着手处理。5 天后，在乌其日拉的协调下，当地政府、交通局召集道路施工企业负责人和牧民协商解决办法。当天，双方就达成协议，牧民拿到了企业支付的补偿款。“短时间化解牧企之间的矛盾，既保障了牧民的合法权益，也保障了企业的施工进度。”乌其日拉说。

在正镶白旗，像乌其日拉一样的嘎查一级的信访代办员共有 255 名。信访代办员队伍的成立有力推动了信访关口前移，有效提升了信访问题源头治理效能。为了推动信访重心下移，正镶白旗自 2021 年起，就探索建立了旗级领导、旗直属部门班子成员、苏木镇干部、嘎查“两委”和驻村工作队四级联动的工作机制，主动排查发现矛盾隐患并及时化解。

与此同时，为使矛盾纠纷在基层做到实质性化解，正镶白旗委政法委也构建起“多网合一”“一网多能”的综合管理网格，形成由 5 个苏木镇、85 个嘎查村（社区）、386 个基础网格、909 名网格员组成的“1+5+85+386+909”体系，统筹全旗现有的专职人民调解员和基层警务助理，在嘎查村“两委”的领导下，打造“党建 + 网格 + 警务助理”“党建 + 网格 + 人民调解员”的创新工作模式，网格员每日排查、嘎查村（社区）每周排查、苏木（镇）每半个月研判、旗级每月调度矛盾纠纷调处情况。

正镶白旗委常委、政法委书记那仁满都呼告诉记者，他们把推行信访代办制作为坚持和发展新时代“枫桥经验”、学习践行“浦江经验”的有力举措，列入筑牢祖国北疆安全稳定屏障任务台账，纳入部门和领导干部考核体系，以党建引领为切入点，将基层党建和基层治理相结合，充分发挥党组织“领头雁”作用，形成了旗委领导、政府负责、政法委协调、部门联动、社会参与的上下联动、合力攻坚工作格局。

信访代办工作推行以来，正镶白旗群众上访数量明显减少，基层治理能力有效提升，党群干群关系更加密切。据统计，截至目前，全旗共受理信访事项 103 批 160 人次，批次下降 23.2%、人次下降 36.1%，化解率达 82.9%，无新增涉法涉诉案件。

（《新华每日电讯》记者　彭源）

武清区王庆坨镇：弘扬新时代“枫桥经验” 提升信访工作水平

近年来，天津市武清区王庆坨镇党委通过健全信访联席会议机制，综合治理中心整合“司法所＋派出所＋信访办＋矛调中心＋其他部门”等力量，健全信访联席工作机制，分类调处化解，矛盾止于乡镇。

“小题大做”巧解人民群众“千千结”

一直以来，王庆坨镇坚持和发展新时代“枫桥经验”，从小处着手，将信访工作与网络舆情化解、基层治理工作相结合，通过“12345”政务服务便民热线、抖音、快手等新媒体巡查、网格员主动上报等方式，发现解决问题，将矛盾稳控在辖区、不稳定因素消除在镇域。

2023 年 7 月，王庆坨镇富康小区一名居民在抖音上发布了关于天然气入户选择燃气企业的质疑，在网络上掀起波澜，随之而来便是大量小区居民的“12345”便民服务热线工单。

针对群众苗头性、倾向性问题，王庆坨镇党委副书记、镇长平凯现场办公，联合村街、燃气公司到富康小区开展燃气入户宣传，通过入户走访了解居民安装意愿，对小区 700 余户居民意见进行摸底统计，确定天然气覆盖方案，同时对居民关心的入户政策、费用收取等问题进行耐心解答，有效提升了居民天然气入户接受程度，打消了居民顾虑。

随着各种新媒体手段的不断更新，基层信访工作面临新的问题和挑战，网络问政已成为当前倾听民声、排解民忧、化解矛盾的“直通车”。今年以来，王庆坨镇共收到“12345”政务服务便民热线工单3240件，办结率100%，通过网络巡查主动发现解决群众问题31件，群众满意度稳步提升。

“小调解”撬动信访工作“大格局”

“信访是‘送上门的群众工作’，做好新时代信访工作责任重大，站稳群众立场，践行群众路线，把群众的闹心事、忧心事、烦心事解决好是我们的根本目标。”镇党委书记扈树燕说。

胡女士是王庆坨镇居民，因家中自建房与他人产生房屋纠纷。王庆坨镇信访办收到胡女士的信访件后，一边主动约见，耐心倾听群众诉求，疏导胡女士情绪，一边迅速启动“部门联查”机制，厘清事件脉络。

为及早化解矛盾纠纷，镇党委副书记、政法委员苑广建多次约见胡女士，镇信访办结合律师给出法律建议，联合派出所、综合执法、村委会等多部门

与开发商及物业进行座谈，告知其相关的法律责任及后果、经过十几次的矛盾调解，双方事心双解。

这是王庆坨镇解决信访问题的一个缩影。王庆坨镇党委、政府工作人员用耐心细致的服务帮助群众化解烦恼，把党和政府的温暖送到群众心坎上。2023 年，王庆坨镇共接到信访 379 件，化解 307 件。

“小网格”激活社会治理“大能量”

王庆坨镇不断加强村（居）网格化管理，积极探索基层社会治理新路径，网格员充分发挥“网格化 + 铁脚板 + 大数据”的作用，不断延伸基层服务触角，激发基层发展活力，拓宽基层治理格局，基层社会治理能力和治理水平得到有效提升。

不久前，鑫嘉园小区一租户反映，楼上住户每天噪声非常大，影响全家人休息。社区网格长在走访时得知此情况，迅速联系两家租户的房东进行协商，分别劝说楼上楼下住户要互相包容，理性处理矛盾。经过网格长耐心协

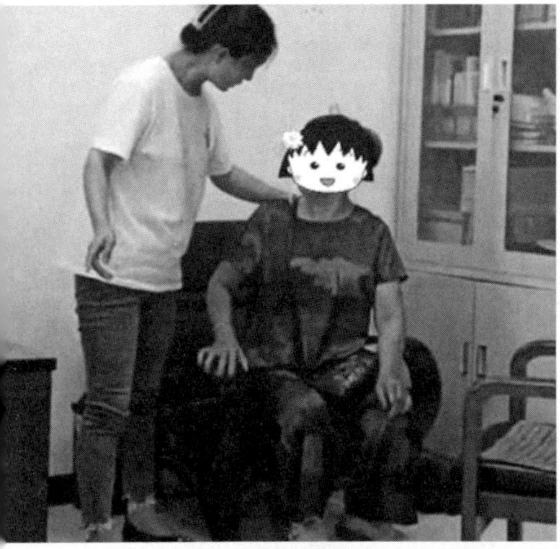

调，两家租户从不理解逐渐转为相互理解和配合，快速化解了邻里纠纷，避免了矛盾升级。

王庆坨镇依托“枫桥经验”，充分发挥网格队伍“熟人、熟地、熟情况”的优势，全镇360余名专（兼）职网格员依托“一人一网格”理念，通过走访、唠家常、送温暖、听民声等形式，排查辖区内的小矛盾、小纠纷，把发生矛盾纠纷的双方当事人和群众叫到一起，把矛盾摆在明面上，大家评、大家议、摆事实、讲道理、排怨气。

通过“网格+调解”的化解模式，坚持矛盾纠纷化解“一人一策、一事一法”，及时有效化解各类矛盾纠纷，逐步形成了预防和调解矛盾纠纷的整体合力，有力维护了辖区稳定和谐。网格员依靠天津市一体化社会治理信息化平台和“津治通”App，将信息双向互通，资源双向共享，上报各类隐患事件7215件，已全部处置化解。

（新华社）

国家信访局：从 2023 年开始开展信访问题源头治理三年攻坚行动

记者从 2023 年 1 月 14 日采用视频方式召开的全国信访局局长会议获悉，从 2023 年开始开展信访问题源头治理三年攻坚行动。中央信访工作联席办、国家信访局将抓紧制定实施意见。2024 年持续深入推进，总结推广成功经验。2025 年巩固扩大成果，建立长效机制。

2022 年，全国信访系统坚持以人民为中心，以最大力度推进治理重复信访，化解信访积案专项工作，完善优化群众来信、走访、网上投诉办理和信访督查等业务工作流程和机制，及时汇集反映社情民意、服务决策参考，认真组织开展《信访工作条例》学习宣传贯彻工作，在服务保障党和国家工作大局、维护群众合法权益等方面作出了积极贡献，展现了新作风新气象。

会议强调，基层是群众信访的源头，也是解决信访问题的关键。过去三年开展的治理重复信访，化解信访积案专项工作，消减存量、化解风险，一大批时间长、难度大、涉及面广的“骨头案”“钉子案”得到有效解决。今后三年，要以开展化解信访积案专项工作的决心和力度来推进信访问题源头治理，及时把矛盾纠纷化解在基层、化解在萌芽状态。

根据会议要求，未来三年将大力推行乡镇（街道）信访工作联席会议机制全覆盖，依托综治中心、矛盾调解中心加强基层信访工作平台建设、整合基层信访工作力量。引导各地区重心下移、力量下沉、保障下倾，确保问题及时化解在基层。

会议要求，在2023年要全面开展《信访工作条例》落实年活动，广泛开展条例巡回宣讲；加快制定完善条例的配套政策法规并形成信访工作政策法规体系；加大对条例学习宣传贯彻的督导检查力度；适时召开贯彻落实条例的交流座谈会，总结交流贯彻实施中的好经验好做法，不断提升信访工作的法治化水平。

国务院副秘书长，国家信访局党组书记、局长李文章在会议上强调，要以“贯彻二十大、落实新条例、开创新局面”为主线，深入开展“《信访工作条例》落实年、信访工作示范县创建、大督查大接访大调研”三项活动，着力推进信访机关政治建设、信访问题源头治理、化解信访积案常态化、信访工作体制机制改革、信访干部队伍建设五项重点任务，努力为经济发展、国家安全和社会稳定作出新贡献，奋力开创新时代新征程信访工作新局面。

（新华社记者　翟翔）

第五章

“现场办公下基层”：

从“会场”到“现场”，让难点堵点在基层一线打通

扫一扫，观看

《和林格尔县：盯紧“解决问题”关键 聚焦“人民满意”目标》

谱写基层善治新篇章

——坚持和发展新时代“枫桥经验”综述

这是土生土长的中国智慧、东方经验——

60年前，浙江枫桥干部群众创造了“依靠群众就地化解矛盾”的“枫桥经验”。此后，“枫桥经验”从一地走向全国，扎根广袤中华大地，在火热的社会实践中拔节生长、枝繁叶茂。

这是坚持不懈的探索实践、守正创新——

党的十八大以来，习近平总书记就坚持和发展新时代“枫桥经验”作出一系列重要指示，各地紧紧依靠群众探索创新，形成了行之有效的经验做法。

“枫桥经验”在新时代不断丰富发展，书写一个个基层治理的鲜活故事，铺就一座座沟通党心民心的连心桥，持续推进国家治理体系和治理能力现代化，为中国式现代化提供有力支撑。

固不变之本——党的领导与群众路线相结合，汇聚基层社会治理强大合力

臂挽会稽山、面朝枫溪水，蓝天白云下的浙江诸暨枫桥镇屋舍俨然、村落毗连，铺展成一幅悠然祥和、和谐宜居的动人画卷。

2023年9月20日下午，习近平总书记来到这里，参观枫桥经验陈列馆。

他指出，要坚持好、发展好新时代“枫桥经验”，坚持党的群众路线，正确处理人民内部矛盾，紧紧依靠人民群众，把问题解决在基层、化解在萌芽状态。

“枫桥经验”形成于社会主义建设时期，发展于改革开放和社会主义现代化建设新时期，创新于中国特色社会主义新时代。

写入党的十九届四中全会决定、中共中央关于党的百年奋斗重大成就和历史经验的决议、党的二十大报告……在全面建设社会主义现代化国家、以中国式现代化全面推进中华民族伟大复兴进程中，“枫桥经验”被赋予了新的时代使命。

不论社会如何变迁，坚持党的领导始终是“枫桥经验”的不变灵魂、根本保证。

“说是一场会议，但大家表演文艺节目，交流社区工作，其乐融融。”70多岁的南京市栖霞区仙林街道居民顾兴兰说。在仙林街道，别开生面的党群大会已连续举办13年。街道党员干部和居民志愿者在党群大会上，以演出的形式汇报工作，承诺为民办实事。

党组织、党员站在治理的“舞台中央”，成为中流砥柱。13年前，探索党建引领的网格化治理模式，仙林街道将大到容纳万余人的高校和小区，小到个体经营的夫妻店都纳入网格中。街道干部扎根网格常态化走访、帮助居民解决问题，党组织的影响力、号召力随着网格延伸到街道每个角落。

不论时代如何发展，一切为了人民是“枫桥经验”的不变初心、核心内涵。

走千家、进万户，把“温暖、服务、帮扶”送到家……从2019年起，“枫桥式公安派出所”创建活动在全国公安机关火热开展。

目前，全国部、省两级共命名“枫桥式公安派出所”1313个。广大民警以“百万警进千万家”活动为抓手，建起一座座警民连心桥，争当群众贴心人，年均走访各类家庭5200余万户，接受群众求助1200余万起，化解矛盾纠纷约600万起。

扎根基层、耕耘基础，走近群众、服务民生，一个个家庭的“小和谐”“小幸福”，联结成整个社会和国家的“大平安”“大稳定”。

近年来，全国群众安全感指数逐年上升，2021年达到98.62%；全国建成各级综治中心58.3万余个，共有网格员450万名，基本实现了网格化服务管理全覆盖；全国信访总量明显下降，集体访总量已连续11年下降……“枫桥经验”成为党的群众路线在平安建设领域广泛而生动的实践。

树高千尺，其根必深；江河万里，其源必长。

不论过去、现在和将来，坚持和发展新时代“枫桥经验”，必须坚持党的领导和以人民为中心，提高党在基层治理中的政治领导力、思想引领力、群众组织力、社会号召力，把群众的合法权益维护好、合理诉求解决好、智慧力量凝聚好。

筑善治之基——自治法治德治相融，确保社会既充满生机活力又安定有序

因担心自家房屋安全受施工影响，湖南省岳阳市岳阳楼区东风湖社区的部分居民反对当地一项黑臭水体治理工程，导致工程难以推进。

面对复杂的形势，岳阳楼区决定采用“群英断是非”工作法，请来工程设计方、施工方，相关职能部门负责人和群众信得过的党员、群众代表等组成“群英”，与意见较大的居民代表共同对话，把矛盾问题摊到“桌面”上。经过一番说诉求、讲政策、摆道理，居民心中的疙瘩被解开，工程得以顺利推进。

国之兴衰系于制，民之安乐皆由治。

面对经济转轨、社会转型，作为一个有着14亿多人口的大国，要实现现代化，必须要走出一条适合国情的社会治理之路。

激活自治动能，鼓励基层创新，涵养基层治理多元互动的源头活水——

在江西南昌，“幸福圆桌会”把话筒交给广大居民，大家的事大家商量着办；在四川泸州，一大批“能人”“热心人”“五老乡贤”等活跃在乡村社区，为群众提供方便快捷的调解服务……人民群众真正成为了社会治理最广参与者、最大受益者、最终评判者。

坚持法治思维，推动观念更新，让依法化解矛盾纠纷成为新风尚——

我国的国情决定了大量社会矛盾、纠纷不能“一诉了之”，法治建设既要抓末端、治已病，更要抓前端、治未病。

2023 年 1 月至 9 月，全国法院诉前调解纠纷 1183.4 万件，同比增长 26.58%。其中，782.2 万件成功调解在诉前，同比增长 30.1%。

成绩的背后，是人民法院主动对接 10.4 万余村委会、居委会、人民调解委员会，建成“家门口”解纷服务网络；检察机关借助人民调解专业力量实质性化解矛盾纠纷，减少社会对抗；公安机关结合接处警、查办案、驻社区，了解社情民意，做到矛盾纠纷早发现、全干预、勤调处……

在全社会形成办事依法、遇事找法、解决问题用法、化解矛盾靠法的氛围，运用多种方式修复受损社会关系……法治思维贯穿其中，真正实现案结、事了、人和。

融入德治力量，弘扬正气新风，形成崇德向善见贤思齐的社会氛围——

广东省梅州市蕉岭县广福镇，客家围屋里建起了家风家训馆和道德讲堂，积极支持村民搜集整理家教家训家风并“张榜公示”，教诲子孙敦亲睦邻、戒斗息讼。

口口相传的家训，代代传承的家风，朗朗上口的谣谚，与法律知识巧妙融合，让居民时时自省自律，从源头上减少矛盾纠纷产生。

近年来，各地大力弘扬社会主义核心价值观，找准国法与良俗共通点，充分利用本地群众良善习惯、传统美德、民族风俗等，增进了群众对矛盾纠纷化解工作的文化认同，促进德法共治。

自治、法治、德治“三治融合”源于基层实践，是“枫桥经验”创新发展的重大成果，也是新时代构建基层社会善治新体系的根本方式。

行长久之效——不断丰富发展新时代“枫桥经验”推动基层社会治理现代化

从涓涓枫溪流淌至全国各地，“枫桥经验”之所以走过半个多世纪而历久弥新，久经检验依然生机勃勃，正因为它不因循守旧、故步自封，而是在实践中不断守正创新、与时俱进。

解答新的时代课题——

14.6 万常住流动人口、7000 多家企业、规上工业产值超千亿元……苏州市高新区枫桥街道，迅速发展的经济体量和人口规模，与基层治理能力、公共服务体系之间的矛盾十分突出。

2021 年，苏州市区首个新市民公安志愿者队伍——“新枫景”志愿服务联盟通过民政部门备案，成为合法社会组织法人，活跃在护校安园、邻里守望、矛盾化解等社区工作一线，累计服务时长超过 22 万小时。

“党组织把握大方向的同时，给他们留出足够的发展空间。”苏州市公安局高新区分局副局长陈文祺说，“通过培育多元主体来完善公共服务和公共产品供给，增强社会组织活力和成长性，使之成为基层治理的有益补充和生力军。”

从社会治安领域拓展至各类安全风险预警、防控机制和能力建设；从传统行业拓展至寄递物流、平台经济等新业态；从立足国内拓展至服务对外开放，创新开展涉外纠纷人民调解……“枫桥经验”不断解答时代课题，成为中国式现代化的重要治理支撑。

回应新的人民需求——

走进浙江省诸暨市枫桥镇枫源村，村委会办公室“三上三下，民主公开”的标语格外醒目。

“一上一下”为收集议题，村“两委”会从群众中收集议题，并通过上门下访征求意见；“二上二下”为酝酿方案，通过召开民主恳谈会，对方案进行深入讨论完善；“三上三下”为审议决策，经村民代表会议表决通过后组织实施。

通过“三上三下”的环节，村民的意见得以充分表达并最终体现在决策中，不仅有效提升了决策的科学性，还从源头化解了矛盾。

中和民意以安四乡。进入新时代，人民群众参与基层社会治理的意愿不断增强。浙江“武林大妈”“红枫义警”，北京“西城大妈”“朝阳群众”……共同参与、群策群力，新时代“枫桥经验”调动人民群众自主自治的积极性，打造人人有责、人人尽责的社会治理共同体。

构建新的科技支撑——

物联感知、人工智能、云计算、大数据等新技术运用到了小区生活的各个方面……在江西，全省建成 12211 个智能安防小区，有效打通治安防控“最后 100 米”，基本实现零发案。

“智能安防小区不仅全天候守护千家万户平安，还能对独居老人、留守儿童等特殊群体进行智能研判，做好关心服务，实现‘平安不出事’与‘服务不缺位’的有机结合。”江西省委政法委有关负责人说。

从整合、融合迈入耦合，放眼全国，一个个智慧化应用竞相涌现，新时代“枫桥经验”以数字化、智能化赋能基层社会治理，迸发出巨大效能。

走过一甲子，“枫桥经验”由基层社会治理的范本，上升为党领导人民推进国家治理体系和治理能力现代化的一条基本经验。

走过一甲子，“枫桥经验”因植根人民而永葆生机，因不断发展而历久弥新，这一“传家宝”在新时代生机勃发、活力无限。

踏上新征程，坚持好、发展好新时代“枫桥经验”，完善正确处理新形势下人民内部矛盾机制，及时把问题解决在基层、化解在萌芽状态，推进更高水平的平安中国建设，就一定能不断书写经济快速发展和社会长期稳定“两大奇迹”新篇章。

（新华社记者　熊丰、刘硕、白阳、冯家顺）

扑下身子“迎考” 沉到一线“解题”

——解码“浦江经验”

这是坚持不懈的实践——

2003 年 9 月 18 日，时任浙江省委书记的习近平同志亲自倡导并带头到金华市浦江县下访接待群众，推动形成了“变群众上访为领导下访，深入基层，联系群众，真下真访民情，实心实意办事”为主要内容的“浦江经验”。

20 年来，浙江各级党员领导干部一任接一任，持续丰富发展“浦江经验”，坚持下访接访工作导向，有效为民办实事解难题。

这是历久弥新的启示——

一系列地方实践与经验，是习近平新时代中国特色社会主义思想孕育发展的源头活水。

学习贯彻习近平新时代中国特色社会主义思想，坚持学思用贯通、知信行统一，在全党大力践行“浦江经验”，有利于密切干群关系、转变工作作风、加强基层治理，为强国建设、民族复兴提供有力支撑和坚实保障。

“领导多下去，群众就少上来”——大接访中形成“浦江经验”

树林花海相互映衬，江南民居错落有致，绿水青山似画图……横穿浦江县的原 20 省道公路宛若一条彩带，镶嵌于崇山峻岭间。

20 年前，由于年久失修，这条路坑洼不平、通行不畅，给山区企业和农民生产生活带来诸多不便。

杭坪镇杭坪村村民蒋星剑当时是县政协委员，已连续十几年在政协会议上建议拓宽改造。习近平同志到浦江接待群众来访时，蒋星剑等 3 名代表当面提出这一问题。

习近平同志仔细听完，征求一同接访的省交通厅厅长意见后，当场拍板：这是一条山区群众的小康之路，不仅要建，而且要建好。

3 个多月后工程动工，2005 年 10 月全线贯通。不久后，习近平同志收到一封盖有 97 个村委会印章、代表公路沿线 20 多万村民心意的感谢信。

如今，这条路从小康路变为共富路。

这是一张拼版照片，上图为：改造前的金华市浦江县 20 省道（2003 年新闻截图）；下图为：改造后的 210 省道（2023 年 3 月 28 日摄，新华社记者翁忻旸摄）。　　新华社发

2018 年，杭坪镇乌浆村村民薛勇从广东回村，带着乡亲们建起面积 800 多亩的鲜花种植基地。牡丹、芍药、百合等各类鲜花，通过这条平整通畅的省道销往全国各地，基地年销售额超过 2000 万元。

不同寻常的大接访，不仅解决了一批群众急难愁盼问题，还形成了用以指导党的群众工作的"浦江经验"。

不回避矛盾、不掩盖问题是"浦江经验"的基本原则——

浦江地处浙江省中部山区，改革开放后乡镇企业、个体私营经济迅猛发展。本世纪初，土地征用、拆迁安置、企业改制过程中一些深层次矛盾和问题逐渐暴

金华市浦江县 210 省道旁的鲜花农场（3 月 28 日摄）。 新华社记者 翁忻旸 / 摄

在浦江县杭坪镇乌浆村的鲜花种植基地，村民在处理芍药鲜切花，准备发往各地（5 月 23 日摄）。 新华社记者 翁忻旸 / 摄

露，信访量不断上升。

“那时经常是人还没到单位，办公室门口就聚满上访群众。时间长了，有的干部甚至想避而远之。”时任县信访局局长张国强回忆。

2003年8月，习近平同志决定到浦江接访群众。考虑当地信访形势严峻复杂，有人建议另选其他县。习近平同志却明确说：“哪里矛盾问题多，领导干部就应该去哪里，到浦江下访不变了。”

信访是送上门来的群众工作，是体察民情、联系群众的重要渠道。

习近平同志指出：“不要怕群众，群众都是讲道理的。领导干部下访，要到矛盾多的地方去，往矛盾‘窝’里钻，这样才能取信于民。”

最终，浦江从群众呼声大、问题突出、具有代表性的16件疑难信访件中选定9件，作为这次省委书记的现场接访件。

问题是时代的声音。党的十八大以来，习近平总书记始终强调坚持问题导向，把群众工作的着力点放在最突出的矛盾和问题上，把化解矛盾、破解难题作为打开局面的突破口。

公开透明、畅通渠道是“浦江经验”的重要方法——

2003年9月8日，《浦江报》头版发出一则醒目公告，预告省委主要领导及省级有关部门负责同志将到浦江下访接待群众。一周后，报纸同一位置再发公告，告知接待时间、地点、方式等信息。

“要挂牌、出公告，做到家喻户晓，扩大接待面。”让老百姓都知道这件事，是习近平同志提出的要求。

公告发出后，十里八乡的群众赶到浦江县城，登记点3天时间登记了400多件信访事项。

9月18日，接待点设在场地面积较大的原浦江中学校园。从上午8点多到下午5点，省、市、县三级100多名领导干部，分别在14个接待室接待了436批667人次群众，当场解决了91个问题。

当天，赵仲富等5名群众向习近平同志反映拆迁安置房规划建设问题，接访持续了一个多小时，最终得到满意答复。“想不到习书记回应我们的诉求这么细致耐心，为民排忧解难这么雷厉风行。”赵仲富说。

特殊的接访方式，也形成对基层工作的倒逼机制，起到示范引导和监督促进作用。

2020年春天，习近平总书记在浙江考察时回忆道：“要求提前公布，关键是我去之前，他们市、县一定会去解决掉一批信访问题。”

时任浦江县委书记吴彩星介绍，以那次省委书记下访为契机，县里对历年积累的信访件进行排查，化解了一批陈年积案，有力推动了各项工作。

变群众上访为领导下访是“浦江经验”的实践遵循——

在习近平同志所在的第一接待室，3 排课桌临时拼成一个台面，习近平同志和相关领导坐在一侧，对面位置留给来访群众，双方直接面对面，相隔不到一米。

一上午时间，习近平同志接待了 7 批近 20 人的来访。中午简单用餐后，习近平同志又来到接待室，继续接访到下午 2 点。

早在福建宁德工作时，习近平同志就建立起地、县、乡镇三级领导下访制度，深受群众欢迎。习近平同志一再强调，信访工作要到位，必须重心下移，领导多下去，群众就少上来。

这次接访结束后，习近平同志说：“领导干部下访多了，走得勤了，许多矛盾就能在源头解决，群众的困难就迎刃而解。”

浙江省安吉县社会治理中心工作人员在处理群众信访诉求。新华社记者　翁忻旸 / 摄

这是工作方式之变，更是工作理念之变。

2020年3月30日，习近平总书记在浙江考察时，来到安吉县社会矛盾纠纷调处化解中心，了解群众矛盾纠纷一站式接收、一揽子调处、全链条解决模式运行情况。

习近平总书记强调，基层是社会和谐稳定的基础。要完善社会矛盾纠纷多元预防调处化解综合机制，把党员、干部下访和群众上访结合起来，把群众矛盾纠纷调处化解工作规范起来，让老百姓遇到问题能有地方“找个说法”，切实把矛盾解决在萌芽状态、化解在基层。

“一级带着一级抓下去，一年接着一年干下去”——持续20年践行“浦江经验”

定期下访接访，是浙江各级领导干部雷打不动的工作安排。

2003年浦江下访后，习近平同志指出，领导下访接待群众这项工作，贵在经常下去，长期坚持，必须靠健全的制度来保障。

——实现制度化，践行“浦江经验”持之以恒。

2004年9月，临安；2005年8月，德清；2006年8月，衢江。在浙江工作期间，习近平同志坚持每年选择一个县（市、区）带队下访。

20年来，浙江省市县三级领导及部门负责人共有约15万人次下访，累计接待群众20余万批70多万人次。

习近平同志强调，要把有效的做法总结为成功的经验，把实践的成果确立为规范的制度，一级带着一级抓下去，一年接着一年干下去。

2017年，《浙江省信访工作责任制实施细则》发布，规定各级领导干部应当定期接待群众来访，省级领导干部每半年至少开展一次下访活动，市级领导干部每季度至少参加一次接待群众来访，县（市、区）领导干部每月至少安排一次定点接访。

制度化，带来“浦江经验”的规范化、标准化、常态化。

在浙江，省委、省政府主要负责同志每年与11个市的市委书记、市长签订信访工作责任书，带动市、县、乡、村四级及相关职能部门层层签订责任书，构建责任体系。

在浙江，省级领导带头下访、市级领导定期接访、县级领导值守接访、乡级领导随时接访、村级干部上门走访的“五级大接访”架构已经建立。

——推动体系化，践行“浦江经验”走向深入。

浦江县岩头镇蜈溪村和郑宅镇玄鹿村，是紧邻的两个村。2020 年，蜈溪村建起的砂石场因占用了玄鹿村的一块地，引发跨乡镇纠纷，双方矛盾不断升级。

此后，金华市人大常委会副主任、浦江县委书记等两级领导三次接访，确定了蜈溪村对玄鹿村的补偿方案。

“补偿款虽然拿到了，但两村村民互相不服气。这时，村里干部发挥作用，通过做思想工作，终于解开了大家的心结。”玄鹿村党支部书记郑国防说。

“冤家村”重回“亲家村”，是“浦江经验”与“枫桥经验”并行创新基层治理的结果。

在浙江省诸暨市，“电力老娘舅”调解工作室的工作人员在为群众进行调解。

新华社记者　翁忻旸／摄

“枫桥经验”同样发端于浙江，形成于上世纪60年代，以“小事不出村、大事不出镇、矛盾不上交”为主要特征。

从浙江实践情况看，“枫桥经验”可以化解绝大部分“小矛盾”，而“浦江经验”则能够解决剩下的“大问题”。“这在一定程度上形成了基层矛盾纠纷排查化解的闭环系统。”浙江省信访局副局长夏文星说。

20年的坚持发展，“浦江经验”已不再局限于信访层面，其在社会治理体系中的内涵和外延不断拓展。

浙江省习近平新时代中国特色社会主义思想研究中心研究员郁建兴认为，自上而下的“浦江经验”与自下而上的“枫桥经验”并行，是源头治理的新模式，是国家治理体系和治理能力现代化在基层的成功探索。

——促进数智化，践行“浦江经验”与时俱进。

2023年5月4日早上6点43分，浦江县信访局工作人员微信上的“民情暖哨”小程序收到一条信息：杭府北门人行道长期违章停车，曾多次反映，物业没有实际行动。

11点02分，信息转交至浦阳街道处理。街道党政办副主任金沁雨召集小区业主、物业人员和交管部门共同商议，找到了解决问题的办法。

这一数字应用形成覆盖县乡村三级的哨点矩阵，增强了社情民情的发现力、处置力，服务群众更加高效精准，践行“浦江经验”有了新形式。

数字化、智能化时代，从深化方便企业和群众办事的“最多跑一次”改革，到探索化解矛盾纠纷的“最多跑一地”改革，浙江走在前列。

前不久，杭州市民在浙江省“民呼我为”平台上反映，地铁2号线白洋站已建成6年，一个出入口却一直没有开放，影响乘客出行。

信访件迅速被转交至杭州市余杭区，区委书记刘颖在人民来访联合接待中心接待了部分市民代表，告知大家征地手续正在办理，开放工作有序推进，后续办理情况可以在平台上跟踪。

“这一全天候平台上，每道程序的推进节点都会留痕，信访办理效率全面提升。”余杭区信访局副局长赵凯说。

目前，智能化平台已广泛应用于涉访领域。

在杭州市余杭区社会治理中心，工作人员在接待前来上访的群众。

新华社记者 翁忻旸／摄

在浙江三级法院开通的“申诉信访智办智治平台”上，记者看到，所有群众来信都会被扫描上传入库，实现信访办理、交转办、司法救助、结果反馈、终结报备、监督管理全流程数字化。

浙江省高级人民法院常务副院长张宏伟介绍，通过平台，法院审判监督部门能够有效甄别案件判决情况，分类精准处置，存疑案件能够通过信访程序发现错误、瑕疵并启动监督。

“未来还会运用大数据、人工智能等技术将信访件接入数字法院智慧大脑，进一步提高精准处理能力。”张宏伟说。

“真正把马克思主义看家本领学到手”——大力发扬“浦江经验”优良传统

2023 年 4 月开始，全党自上而下分两批开展学习贯彻习近平新时代中国特色社会主义思想主题教育。

习近平总书记在主题教育工作会议上指出，要全面学习领会新时代中国特色社会主义思想，全面系统掌握这一思想的基本观点、科学体系，把握好这一思想的世界观、方法论，坚持好、运用好贯穿其中的立场观点方法，不断增进对党的创新理论的政治认同、思想认同、理论认同、情感认同，真正把马克思主义看家本领学到手，自觉用新时代中国特色社会主义思想指导各项工作。

“浦江经验”生动展现了习近平新时代中国特色社会主义思想的世界观、方法论，诠释了共产党人的政治本色，与这次主题教育的目标要求高度契合，大力发扬“浦江经验”优良传统对推动主题教育走深走实具有重要意义。

大力发扬“浦江经验”优良传统，要深入基层、深入一线，大兴调查研究。

2003 年浦江下访后，习近平同志说：“领导下访多了，对信访工作和基层其他工作，对群众的所思所想所盼，就会有更多的了解。”

当前，全党大兴调查研究，领导干部下访是一个重要抓手。

在浙江工作期间，习近平同志下访时多次强调，开展省领导下访活动，同时要带动各级领导下访，不是省领导的表演秀，要在坚持中不断完善，去虚存实，兴利除弊，总结丰富下访经验，使其更好的发展。

中共中央、国务院印发的《信访工作条例》于 2022 年 5 月 1 日起施行，明确提出信访工作是党和政府了解民情、集中民智、维护民利、凝聚民心的一项重要工作。

一年多来，各地区各部门落实领导干部接访下访制度，省级党委、政府主要负责同志带头接访，其中省级领导接访下访 4100 余次，包案化解疑难复杂信访问题 3200 余件，有效带动各级领导干部认真履行信访工作责任。

大力发扬“浦江经验”优良传统，要问计于民、问需于民，践行宗旨为民造福。

从人民大会堂到田间地头，从革命老区到改革开放前沿，从社区巷陌到“换了三种交通工具”才能到达的重庆山村……无论在哪里，民生始终是习近平总书记心中最大的牵挂。

浙江省信访局领导和相关领导组成的下访团在杭州市余杭区社会治理中心接受群众上访。

新华社记者　翁忻旸 / 摄

一段段平易近人的家常，一句句温暖人心的问候，一次次亲切和蔼的笑容，见证了习近平总书记对人民的深厚情怀。

2015 年 1 月，习近平总书记同县委书记座谈时讲到自己在基层工作时的经历：“我在正定时经常骑着自行车下乡，从滹沱河北岸到滹沱河以南的公社去，每次骑到滹沱河沙滩就得扛着自行车走。虽然辛苦一点，但确实摸清了情况，同基层干部和老百姓拉近了距离、增进了感情。”

领导干部下访，既是做群众工作的好机会，也是提高群众工作能力的必修课。

“每当与群众面对面，感觉就会心贴心。”浙江省退休干部徐建华曾担任多个县（市）县长、县委书记。他认为，只要与群众坐在一条板凳上、围在一张桌子上，倾心交谈、深刻剖析，就能找准问题症结，切实做到精准施策。

20 年来，浙江不断完善“浦江经验”相关制度安排，为各级领导干部下访接访工作提供操作指南。

浙江省委社会建设委员会专职副主任孙哲君在任县委书记时，就按照"浦江经验"，下访过程中提前在报纸网站预告、面对面接待群众、全流程闭环管理。"无论在什么岗位上，这样的群众工作方法都具有指导意义。"孙哲君说。

大力发扬"浦江经验"优良传统，要聚焦问题、实干担当，抓好检视整改。

习近平同志在浦江下访后说："领导干部下访关键是为群众解决问题，化解矛盾。如果下访一趟，实际问题什么都没解决，只是搞形式，做表面文章，反而会产生更大的负面影响。"

下访接待群众是考验领导干部能力和水平的大考场，来访群众是考官，信访案件是考题，群众满意是答案。

按照"浦江经验"的工作方法，领导干部下访前，属地要走村串户调查研究，摸清群众在一个时期里对党和政府工作比较集中的意见；接访时，对群众反映的问题分门别类进行分析研究，作出精准处理意见；接访后，对苗头性、倾向性问题加大交办督办力度。

问题整改，同样贯穿主题教育始终。

浙江省委主题教育办有关负责同志表示，要坚持边学、边查、边改，聚焦调查研究发现的问题、群众反映强烈的问题，尤其注重从群众不满意的地方发现问题、找准症结，动真碰硬抓好整改，让人民群众切身感受到主题教育的实际成效。

浙江省委书记易炼红说，浙江各级干部要传承好、弘扬好、践行好"浦江经验"，走好新时代党的群众路线，进一步加强和创新基层治理。要推动作风转变，持续激发全省党员干部干事创业热情，让愿担当、敢担当、善担当蔚然成风，巩固发展风清气正的政治生态，不断彰显"浦江经验"的时代价值。

往昔已展千重锦，明朝更进百尺竿。

在以习近平同志为核心的党中央坚强领导下，全党正以这次主题教育为契机，加强党的创新理论武装，不断提高全党马克思主义水平，不断提高党的执政能力和领导水平，为奋进新征程凝心聚力、踔厉奋发、勇毅前行，为全面建设社会主义现代化国家、全面推进中华民族伟大复兴而团结奋斗。

（新华社记者　邬焕庆、赵超、袁震宇、商意盈、初杭、吴帅帅）

坚持实事求是，不搞一刀切

第二批学习贯彻习近平新时代中国特色社会主义思想主题教育开展以来，各地区、各部门、各单位强化分级分类指导，针对不同层级、不同对象特点，分别制定具体工作方案，不搞一刀切，避免“一般粗”，推动主题教育有效覆盖、走深走实。

坚持一切从实际出发，是我们想问题、作决策、办事情的出发点和落脚点。第二批主题教育层级下移，参加单位和人员范围广、类型多、数量大，直面基层和群众，矛盾诉求多，任务更加艰巨。不同地区、不同类型、不同领域、不同岗位的特点和实际各不相同，需要解决的思想问题、实际问题也有差异，这就决定了各自开展主题教育的着力点不一样，不能一概而论、一个方案，必须因地制宜、合理安排。

俗话说：“一把钥匙开一把锁。”加强分类指导，是确保第二批主题教育取得实效的重要保证。要突出抓好县处级以上领导班子和领导干部，按照有关文件要求抓好贯彻落实；县处级以下的党员要以党支部为单位，依托“三会一课”、主题党日等载体，通过简便易行、务实管用的方式学思践悟。在具体实施过程中，要根据不同层级，以及国有企业、学校、医院和新经济组织、新社会组织、新就业群体等不同领域的不同特点和实际，找准各自开展主题教育的着力点，细化目标任务和要求，提出切合实际的推进措施。

加强分类施策和分类指导，是为了增强主题教育的针对性、实效性，不是降低标准，更不是允许“自由发挥”。不同层级、不同领域、不同对象开展主题教育的着力点不尽相同，但总要求和目标任务是一致的，必须紧紧围绕“学思想、强党性、重实践、建新功”的总要求，牢牢把握深入学习贯彻习近平新时代中国特色社会主义思想这一主题主线和根本任务，把高标准高质量要求贯穿始终，抓好主题教育规定动作。各地各部门各单位要加强督促指导，及时发现、纠正基层“跑偏”行为，保证主题教育按照既定方案有序有力推进。

注重实际、实事求是是我们党的优良传统。在开展第二批主题教育过程中，各级党委（党组）务必坚持一切从实际出发，大兴求真务实之风，改进组织指导方式，以严的标准、实的要求，做好出台方案、推进落实、指导督促各个环节工作，确保主题教育取得实效。

（新华社记者　晏国政）

不当“甩手掌柜”、不当“二传手”

随着第一批学习贯彻习近平新时代中国特色社会主义思想主题教育有序展开，从中央到地方，从党政机关到企事业单位，各地区、各部门、各单位以上率下、抓纲带目，推动形成一级抓一级、层层抓落实的良好局面，有力提升了主题教育的质效。

开展主题教育是推动贯彻党的二十大战略部署的有力举措，是2023年党的建设的重大任务。事在四方，要在中央。习近平总书记对开展好主题教育高度重视、身体力行，强调中央政治局的同志要以更高标准、更严要求、更实措施，为全党作示范、立标杆、带好头。要求各级党委（党组）要扛起主体责任，把这件事关全局的大事谋划好、组织好、落实好。习近平总书记的重要讲话为全党开展主题教育提供了根本遵循和科学指引，全党同志要认真学习领会，不折不扣抓好贯彻落实。

这次主题教育时间紧、任务重、要求高。确保圆满完成主题教育各项任务，必须压实压紧领导责任，加强督促指导。各级党委（党组）主要负责同志要切实履行第一责任人职责，亲自谋划、靠前指挥、督促指导。各级领导干部要以上率下，高站位高起点部署推进；要以学为基，深学细悟把握理论精髓；要以实为要，坚持学以致用、知行合一。

调查研究是谋事之基、成事之道。没有调查研究，就没有发言权，更难言决策权。广大党员、干部特别是各级领导干部，要按照中央关于在全党大兴调查研究的工作方案，既要扛起责任，更要扑下身子；既要上接天气，更要下沉一线；要深入基层单位，走进群众当中，不当“甩手掌柜”、不当“二传手”；要把问题整改贯穿主题教育始终，躬身入局发现问题，迎难而上解决问题。

金杯银杯不如群众口碑。一个地方和部门主题教育的成效和成色如何，群众感受最直接、评价最客观。高质量开展主题教育，要把“国之大者”与“民之关切”结合起来，走好新时代党的群众路线，坚持开门搞教育，把群众的“表情包”当作干事创业的“风向标”，着力解决人民群众急难愁盼问题，把惠民生、暖民心、顺民意的工作做到实处细处、做到群众心坎上。

（新华社记者　涂洪长）

深化主题教育必须用好“一线工作法”

第二批学习贯彻习近平新时代中国特色社会主义思想主题教育层级下移，参加单位和人员范围广、类型多、数量大，直面基层和群众，矛盾诉求多，情况问题更具体。这就要求广大党员干部更要把功夫下在解决实际问题上，用好“一线工作法”，解难题、抓落实、促发展。

“一线工作法”，顾名思义就是工作重心下沉，到一线开展工作的方法。到项目建设一线、乡村振兴一线、服务群众一线、化解矛盾一线，问计于民、问需于民，倾听群众呼声、反映群众愿望、关心群众疾苦，聚焦群众急难愁盼问题，积极化解信访积案，在一线为民服务中不断提高工作本领，密切党群干群关系。

从群众中来、到群众中去，是党的优良工作传统。“一线工作法”是对党的优良传统的继承与发扬。第一批主题教育中，广大党员、干部牢固树立和践行正确政绩观，大兴调查研究，扑下身子当好“施工队长”，在就业、教育、医疗、托育、住房、养老等领域办了不少群众认可的好事实事。广大人民群众从中得到了实惠，对搞好第二批主题教育充满期待。第二批主题教育单位更多面向基层、更加贴近群众，面对还未啃掉的“硬骨头”和尚未解决的难点问题，必须牢固树立以人民为中心的发展思想，深入群众、贴近群众、服务群众，把惠民生、暖民心、顺民意的工作做到群众心坎上。

践行“一线工作法”，要用好现场调研办公这一形式。发现问题、研究问题、解决问题，都不能脱离经济社会发展的火热实践。只有到基层一线摸爬滚打，面对面沟通、心贴心交流、"零距离"接触，及时了解惠民政策"落得细不细"、为民服务"跟不跟得上"、群众意见"上不上得来"，获取第一手材料、掌握真实情况，开展工作才能有的放矢、制定政策才能切实有效，进一步提高办事效率，把问题解决在源头，把矛盾化解在萌芽状态。

践行"一线工作法"，要用好领导干部下访这一渠道。"四下基层"的关键，就在领导干部要下访为群众解忧愁、办实事。领导干部是党和国家事业发展的"关键少数"，要抓住"关键少数"以上率下，突出示范引领。把工作做到基层，摸清什么事情最着急办，什么环节最难办，带头解决怎么办，推动问题有效解决。通过"一级带着一级干，一级做给一级看"，层层压紧压实责任，形成上下协同、各方协力的生动局面，切实提高政策落地成效。

践行"一线工作法"，要用好典型案例解剖这一方法。典型案例具有一定的普遍性和可操作性，抓住典型案例深刻剖析，将为解决影响改革发展稳定的突出问题和民生领域的具体问题提供宝贵的经验和启示。以小见大查摆问题、刀刃向内分析问题、举一反三解决问题，有利于推动从"解剖一个问题""解决一个问题"到"解决一类问题"；针对有代表性的反面典型，深挖思想根源、查找认识不足，以检促改，有利于防止再出同类问题。

主动践行"一线工作法"，深入基层，体察民情、倾听民声、关注民生，聚焦促发展的"具体问题"、惠民生的"关键小事"、保稳定的"急难险重"精准施策，才能更好增强人民群众获得感、幸福感、安全感。

（新华社记者　杨柳）

屋场恳谈，群众为啥肯谈？

“我家池塘蓄不住水，农田里浇不上水，希望能帮忙解决。”“农田流转以后抛荒了，怎么办？”……在湖南衡阳市石鼓区角山坪镇利民村召开的一场屋场恳谈会上，村民在临时搭建的雨棚内围坐一圈，将烦心事一股脑儿倒出来，镇党委书记戴胜和镇长伍洪波认真聆听，不时插话记录。

在衡阳的各个村组和社区，这样的恳谈会已不鲜见，成为当地党委政府集民意、解民困的重要手段。

衡阳市委书记秦国文在衡南县车江街道白水村参加屋场恳谈会。　罗盟 / 摄

屋场恳谈怎么谈

在南方乡村，屋场指的是一个村组的公共空间，屋场恳谈会即通过常态化实施“干群面对面”，组织各级干部“零距离”听意见、讲政策，推动政策在群众家门口宣讲、民意在群众家门口听取、难题在群众家门口解决。

“‘宣传宣讲、释疑解惑、排忧解难、凝心聚力’十六字原则明确了恳谈会的主要内容。”衡阳市委宣传部副部长林新华说，恳谈会参会干部涵盖市级领导至村社各级干部。

基层干部表示，常态化的屋场恳谈会对干部能力和素质提出更高要求，倒逼干部吃透政策，熟悉社情。

为了让群众打消顾虑，说出心声，衡阳市规定恳谈会要做到“四不四谈”。一是不拘形式轻松谈。恳谈会不安排到会议室，在村民小组开，在屋场开，在禾坪开，点一堆柴火，摆几张椅凳，或站或坐，或靠或倚。二是不限时间随意谈。村民白天要忙农活，恳谈会就安排在晚上，临时接个电灯，发言不限时长。三是不定内容广泛谈。恳谈会虽然主题有所侧重，但不定调子，不限内容，鼓励老百姓畅所欲言。四是不打板子敞开谈。对于群众的发言，干部不戴有色眼镜、不先入为主，对于明显偏颇或过激的，以宣讲政策、解释疏导为主。

如今，屋场恳谈的内涵不断丰富，外延不断拓展，逐渐从“屋场”走进机关、工地、楼栋。

缘何受群众欢迎

石岗村所在的金龙矿业 2014 年被责令停产整改，由于整改不彻底，2020 年 12 月被《焦点访谈》曝光。

如何使矿业问题整改经得起历史和群众检验？ 2021 年 4 月以来，当地党委政府组织召开了 40 多场屋场恳谈会，吸纳群众参与矿区整改全过程。

甘溪镇党委委员、纪委书记曾志说，最终整改方案的制定，不仅对标了上级要求，更站稳了群众立场。比如，过去整治只针对农田污染，没有关注到村民家门口的自留菜地；此前修了水泵，但群众认为灌溉不便，提出打井会更好。

如今，金龙矿区的整改已基本完成，通过屋场恳谈，实现了从“群众不想跟我说”变成了“群众主动向我说”。以前为此事上访的群众，如今变成了矿区人居环境改造的倡导者和宣传者。

能为群众办实事、解难题，是屋场恳谈会保持生机活力的关键。衡南县车江街道党工委书记唐云说，如果群众在恳谈会上提出的合理诉求没有得到及时解决，恳谈会的实际效果就会打折扣，常态化的运行机制也将难以形成。

在衡南县，每场恳谈会，村（社区）层面能解决的问题，要求现场拿出解决方案或约定时间解决，现场难以决断的问题，由乡镇（街道）梳理成问题清单召开专题会议研究；乡镇层面不能解决的问题，则在梳理后提交县屋场恳谈联席会议审议，并由屋场恳谈联席会议办公室交办督促各责任单位按时办结。

截至 2021 年 6 月，湖南各市州已开展恳谈会 3.9 万场，参与群众 121 万人次，推动解决群众诉求 3.2 万件。衡南县推进屋场恳谈以来，2019 年、2020 年连续两年被评为全国信访三无县。

（万方明　刊于《半月谈》2022 年第 1 期）

到实践中打卡，在业绩里流汗

规范各类政务 App、减少不必要的打卡、整治工作群过度留痕……随着学习贯彻习近平新时代中国特色社会主义思想主题教育正在全党扎实开展，各地各单位将整治形式主义、为基层减负作为重要内容，引导基层干部到实践中打卡、在业绩里流汗，受到干部和群众欢迎。

打卡、留痕形式化流弊已久。特别是随着移动互联网技术的发展，这一问题一度从“办公桌”走向“指尖”，从“纸质化”迈向“数字化”，出现了“指尖上的形式主义”“数字形式主义”等新倾向。一些地方政务 App 过多过滥，以打卡等形式考核登录率，使得基层干部疲于应付，“满屏都是 App”“专人负责刷积分、填数据”等吐槽声不绝于耳；一些单位要求事事留痕，工作地点定位、工作过程拍照、会议过程记录、事后上报材料等过度留痕问题让基层苦不堪言；有的单位存在“机械式整改”“应付式整改”等问题，改来改去问题变种、花样翻新，政务 App 打卡、留痕少了，微信、钉钉等工作群里“爬楼”式的公告、回复、转发却多了……一段时间以来，形式主义“指尖化”“数字化”成为基层新负担。

党的十九大以来，党中央和习近平总书记把整治形式主义为基层减负作为党的作风建设的重要内容来抓，统筹部署、持续推进，解决了一批突出问题，刹住了一些歪风邪气。党的二十大明确提出，持续深化纠治“四风”，重点纠治形式主义、官僚主义。要更加坚定不移加强作风建设，通过深化拓展整治形式主义为基层减负，不断激励广大党员、干部积极担当作为、敢于善于斗争，进一步密切党同人民群众的血肉联系，为推进强国建设、民族复兴的历史伟业提供坚强作风保障。

充分运用信息网络技术提高工作效率、提升管理效能本是一件好事，但好事办不好甚至加重基层负担，就需要认真反思。App 打卡、工作群留痕，问题不在于 App 和工作群本身，而在于使用这些工具开展管理工作的人。从“好形式”到“形式化”，反映了一些管理部门和领导干部的懒政、怠政思维，从根子上说，是形式主义、官僚主义作祟，是政绩观出现了偏差。

各地各部门各单位要将整治形式主义、为基层减负作为主题教育的重要内容，不断增强紧迫感和政治自觉，在理论学习、调查研究、推动发展、检视整改中，将纠治和力戒形式主义、官僚主义摆在更加突出的位置，持续推动党风政风社会风气好转，以整治成果彰显主题教育成效。要引导各级干部树立正确政绩观，切实纠正重“痕”不重“绩”、留“迹”不留“心”的偏差，坚持求真务实、不骛虚声，坚决杜绝“流量政绩”“数字作秀”，多一些“面对面”、少一些“屏对屏”，要坚持效果导向、结果导向，真正用扎实的工作成绩和老百姓的良好口碑来审视、检验自己的工作成效。

（新华社记者　晏国政）

山东费县：把矛盾纠纷化解在基层、化解在萌芽状态

近年来，山东省费县坚持和发展新时代“枫桥经验”，以矛盾纠纷排查化解为主线，突出源头治理，夯实基层基础，健全工作机制，充分发挥人民调解的基础性作用，把矛盾纠纷化解在基层、化解在萌芽状态。

据了解，该县深入研究矛盾纠纷形成和化解的规律特点，围绕重点工作环节，建立健全工作机制，实现矛盾纠纷闭环调处。按照“群众便捷化，处理高效化”的工作理念，把非诉讼纠纷解决机制挺在前面，从源头上减少信访增量和诉讼增量。

1.“研判 + 预警”工作机制。政法、司法、公安、信访和镇街积极履行工作职责，加强工作联动，定期开展单亲、失独、邻里纠纷、家庭矛盾、抚养关系变动等 25 项重点风险隐患排查，建立定期与不定期、综合与重点研判相结合的矛盾纠纷分析研判机制，进行等级分类、动态清零管理；各级调解组织定期召开矛盾纠纷分析研判会议，研究分析矛盾纠纷困难和问题，提出工作对策和建议，为党委政府提供决策参考。通过对矛盾纠纷进行定性和定量分析，突出重点群体、重点领域、重点时段，探寻常规性、多发性矛盾纠纷的产生、演化规律，制定具体工作预案。

2.“分调 + 联调”工作机制。按照“围绕中心，多元发力”的工作思路，以政法力量为主体，统筹乡镇（街）、司法、公安、妇联、教育等部门投入到

联动化解工作中，实现人民调解、行政调解、司法调解“三调联动”。按照“分工负责、分类化解”的原则，各级调解组织落实首问负责制，做到首问必答、首问必释、首问必果，切实提升矛盾纠纷化解效率。针对不同矛盾纠纷，探索“调解＋首发”“调解＋公证”“调解＋仲裁”“调解＋司法鉴定”“调解＋行政复议”等多元化化解方案，增强矛盾纠纷化解能力，实现了合力攻坚、深度化解、台账清零。

3.“告知＋回访”工作机制。整合矛盾纠纷类型、办理层级、办理主体、工作流程、法律依据等工作要素，制定人民调解服务清单，准确告知当事人纠纷调处条件和程序，引导当事人通过人民调解解决纠纷。建立和落实全流程跟踪和回访制度，实时掌握当事人思想行为动向，及时转办分流化解矛盾，巩固矛盾纠纷化解成果。

4.“司法确认＋公证赋强”工作机制。司法行政部门与人民法院协调建立人民调解协议司法确认机制，经各级人民调解组织达成的具有民事合同性质的协议，引导当事人向调解组织所在地人民法院（法庭）依法申请司法确认。公证机构对当事人达成的债权债务合同及具有给付内容的调解协议办理债权文书公证，注重发挥公证在家事、商事等领域的纠纷化解作用，依法执行公证债权文书。

（新华社）

延伸阅读：

践行“浦江经验”，创新基层治理

变群众上访为干部下访，变被动接访为主动解难，“浦江经验”不仅推动信访工作从单向信息传递转变为干群之间有来有往，而且实现了自下而上与自上而下的双向互动，形成了基层治理模式的重大创新。

基层治理是国家治理的基石。以习近平同志为核心的党中央对此高度重视。习近平总书记曾经指出：“党的工作最坚实的力量支撑在基层，经济社会发展和民生最突出的矛盾和问题也在基层，必须把抓基层打基础作为长远之计和固本之策，丝毫不能放松。”

当前，在广大基层，新情况、新问题、新现象层出不穷，即使是老问题，也常常会有“新变种”。面对新形势，基层治理不能“以不变应万变”，而是要在坚持全心全意为人民服务的宗旨和基础上，在创新方法上下功夫，在提升水平上求实效。而“浦江经验”就是一次重大创新，习近平同志曾将这一创新，归纳为“四个有利于”：有利于进一步畅通与基层群众交流、沟通的渠道，有利于面对面地向群众宣传党的路线方针政策和法律法规，有利于切实为群众解决实际问题，有利于我们研究、探索和把握信访工作以及其他工作的规律。

“浦江经验”的创新，解决的是老百姓的急难愁盼，突破的是改革发展的堵点难点。它要求领导干部到群众中去，和群众坐在一条凳子上，围在一张桌子旁，了解实情，剖析难题，找到办法，从而为群众排忧解难。它不停留在就事论事的个案解决，而是将解决单个问题的个别经验汇总为破解同类难题的有效做法，上升为推动改革发展的规律性认识，从而迈出高质量发展新步伐。

“浦江经验”的创新，也提升了领导干部的群众工作能力，密切了党与人民群众的血肉联系。“浦江经验”要求领导干部要有“犯其至难而图其至远”的抱负，敢于往矛盾“窝”里钻，把解决问题、化解矛盾作为重点，多一些解剖麻雀式的调研、七嘴八舌式的讨论，与群众在交流感情中研究问题，在解决问题中升华感情、增进互信、凝聚共识，最终形成干部群众一条心、攻坚克难一股绳。

当前，我国发展进入战略机遇和风险挑战并存，不确定、难预料因素增多的时期。为此，我们更要扎实践行“浦江经验”，通过抓牢抓实基层治理，增强面对各种复杂局面的底气。习近平同志曾指出：“做好领导下访接待群众工作，重在加强领导、精心组织，贵在健全制度、长期坚持，难在解决问题、化解矛盾。”扎实践行“浦江经验”，就要加强领导，精心组织，健全制度，长期坚持，真心实意地为群众排忧解难，不搞花架子，不做表面文章，要坚持问题导向，坚持人民至上，时刻把人民群众的安危冷暖挂在心上，把人民群众满意不满意作为评判工作的根本标准，解决好人民群众最关心、最直接、最现实的利益问题，把惠民生的事办实、暖民心的事办细、顺民意的事办好。我们也要将“浦江经验”与依靠群众就地解决小矛盾的“枫桥经验”有机结合，深入推进党建引领基层治理，形成注重源头治理的基层治理闭环，推动社会治理体系和治理能力现代化。

（新华社记者　冯源）

第六章

为民办事、为民造福：

牢固树立正确政绩观

扫一扫，观看

《坚持问需于民 推动主题教育见行见效》

树立正确政绩观　用实绩交出优异答卷

当前，以县处级以上领导干部为重点，学习贯彻习近平新时代中国特色社会主义思想主题教育在全党扎实开展。各级领导干部要通过深入学习习近平新时代中国特色社会主义思想，深刻把握这一思想的世界观、方法论和贯穿其中的立场观点方法，牢固树立正确的政绩观，努力以经得起实践、人民、历史检验的实绩，在新的赶考之路上交出更加优异的答卷。

为官之道，首在政绩观。政绩观是世界观、人生观和价值观在领导干部身上的具体体现，是衡量领导干部履职尽责、干事创业的一把标尺。政绩为谁而树、树什么样的政绩、靠什么树政绩，不仅影响到领导干部自身健康成长，更关系到党和国家事业兴衰。

树立正确政绩观，起决定性作用的是党性。只有党性坚强、摒弃私心杂念，政绩观才能不出偏差。要以主题教育为契机，在学思践悟中坚定理想信念，知之而后信之，信之而后行之。要从党性的高度来认识政绩观问题，把树牢正确政绩观作为党性分析和专题民主生活会查摆问题、推进整改的重要内容，深刻剖析政绩观错位的思想根源与现实危害，决不当两面派、做两面人，决不拿党的原则做交易，始终保持对权力的敬畏感，不断提高思想觉悟、精神境界、道德修养，永葆共产党人的政治本色。

树立正确政绩观，必须强化实践、实干、实效。要牢牢把握主题教育的总要求和目标任务，在推动高质量发展过程中，处理好稳和进、立和破、虚和实、标和本、近和远的关系，带头大兴调查研究，按照规律办事，尊重客观实际，坚持底线思维，强化风险意识，自觉把新发展理念贯穿到经济社会发展全过程。对当务之急要立行立改，对长期任务要久久为功。防止政绩冲动、盲目蛮干、大干快上以及“换赛道”“留痕迹”等行为，坚决杜绝虚报浮夸，搞“数字政绩”“虚假政绩”。不慕虚荣、不务虚功、不图虚名，扎扎实实、踏踏实实搞现代化建设。

“共产党人必须牢记，为民造福是最大政绩。”坚持用习近平新时代中国特色社会主义思想凝心铸魂，推动主题教育取得成效，就要深刻领悟“坚持人民至上”这一重要立场观点方法，将其转化为自身改造主观世界和客观世界的强大思想武器，真正做到内化于心、外化于行。心中常思百姓疾苦，脑中常谋富民之策，始终以群众满意不满意作为根本评判标准，把对上负责与对下负责统一起来，既做显功，也做潜功，切实做到为官一任、造福一方。

随着主题教育不断深入，各级领导干部要进一步学思想、见行动，以党的创新理论为指引，以正确政绩观为导向，以“功成不必在我”的境界、“功成必定有我”的担当，努力做到对历史负责、对人民负责，为子孙后代、千秋万世计。

（新华社记者　丁小溪、王明玉）

以基层党建强化基层治理

基层强则国家强，基层安则天下安。第二批学习贯彻习近平新时代中国特色社会主义思想主题教育正在群众身边开展，习近平总书记特别强调，注重强基固本、夯实基层基础。这要求我们在开展主题教育中要以基层党建带动基层治理，切实解决基层突出问题。

2023年以来，习近平总书记多次强调基层在治国理政中的重要作用：9月在浙江，指出要坚持好、发展好新时代“枫桥经验”，把问题解决在基层、化解在萌芽状态；10月在江西，指出乡村要振兴，关键是把基层党组织建好、建强；11月在北京河北，强调充分发挥基层党组织战斗堡垒作用和党员干部先锋模范作用。无论在矛盾化解、基层治理，还是乡村振兴、灾后恢复重建，基层党组织、党员干部的作用都不言而喻。当前应以第二批主题教育为契机，进一步发挥基层党组织和基层党员干部的作用，提升基层治理水平，夯实国家治理根基。

强基固本的根本，在于建强党的基层组织。“欲筑室者，先治其基”，建强党的组织体系，必须坚持树立大抓基层的鲜明导向，大力加强基层党组织建设。俗话说，麻绳最容易从细处断。越是情况复杂、基础薄弱的地方，越要健全党的组织、做好党的工作，确保全覆盖，防止“木桶效应”。要把第二批主题教育作为强化基层基础、增强基层党组织政治功能和组织功能的重要契机，切实把理论学习、检视整改等重点措施，与统一党员干部思想认识行动结合起来，把基层组织建设成为团结带领群众贯彻党的理论和路线方针政策、落实党的任务的堡垒，充分发挥推动发展、服务群众、凝聚人心、促进和谐的作用，夯实党执政的组织基础。

强基固本的抓手，在于激励干部担当作为。推动全党积极担当作为、不断开创事业发展新局面，是开展这次主题教育的必然要求。对于基层一线的干部，要传导勇担当、善作为的鲜明信息，引导从思想层面检视问题，有针对性地加以整改，引领基层干部聚焦问题、实干担当。针对少数干部拈轻怕重、躺平甩锅、敷衍塞责、得过且过等消极现象要进行精准施治，完善重实干、重业绩、重担当的考核机制，助力想干事、能干事的人干成事。同时要利用各种阵地平台、采取各种形式，结合党员思想和工作实际，讲活讲透党的创新理论和优良传统，强化基层党员的党性教育，引导党员立足工作岗位，充分发挥先锋模范作用。

强基固本的目的，在于推动解决要事难事。千头万绪的事，归根到底是千家万户的事。做好基层党建的重要目的是引领基层治理，解决好千家万户的事。习近平总书记在北京、河北考察灾后恢复重建工作时强调，用恢复重建成果和人民群众满意度来检验主题教育的成效。各级党组织要通过第二批主题教育切实为群众解决一批关键要事、具体实事、紧要难事，针对惠民政策"落不细"、为民服务"跟不上"、群众意见"上不来"难题，要积极倾听群众呼声、摸清社情民意、找准问题症结，拿出解题的真招硬招，动真碰硬、持续用劲，切实增强群众的获得感、幸福感、安全感。

民为邦本，本固邦宁。基层党组织与人民群众连接最为紧密，基层治理效能直接影响着人民群众满意度。基层党组织和党员干部要在第二批主题教育中不断淬炼，更好践行全心全意为人民服务宗旨，夯实基础，从而巩固经济发展之基、群众幸福之基、长治久安之基。

（田宇）

以解决群众操心事、烦心事、揪心事检验主题教育成效

第二批学习贯彻习近平新时代中国特色社会主义思想主题教育将推广“四下基层”作为重要抓手，以解决群众的操心事、烦心事、揪心事为着力点，将“四下基层”的任务要求落实到各项重点工作之中，推动主题教育取得实实在在的成效。

把“四下基层”作为重要抓手，调查研究就得直奔问题去，注重“小切口”，实打实拿出具体对策，推动从解决“一件事”向办好“一类事”延伸。随着主题教育深入开展，要组织广大党员干部把理论学习、调查研究、推动发展、检视整改同强化宗旨意识、呼应群众需求、解决实际问题结合起来，实打实地研究提出思路办法和政策举措。特别是对过去长时间没有解决的、反映集中的问题，要系统梳理、找准症结，重点查摆群众在就业、教育、医疗、托幼、住房、养老等关键民生领域的问题，为后续攻坚提供精准靶向。只有解决好这类问题，检视整改成效才能赢得群众认可。

第二批主题教育参加单位同群众的联系更直接，面对的矛盾问题更复杂，群众期待解决的问题更具体，因此功夫要下在解决实际问题上。人民群众满意不满意，是评判主题教育成效的根本标准。这就要求广大党员干部深入群众访民情、畅通渠道听民意。群众处在各项生产、生活的第一线，对具体问题和矛盾体会更真切。要想知道群众真正的所思所想，有哪些所盼所忧和意见建议，就必须确保群众的声音能够听得见、听得清。特别要将领导干部下

访和接待群众信访、倾听群众诉求作为发现问题的重要途径，用好民生热线，从中梳理焦点难点问题，形成全面、准确、有分量的问题清单，采取动态管理、滚动销号的方式进行整改。

"知屋漏者在宇下，知政失者在草野。"第二批主题教育更加贴近群众，检视整改更需要依靠群众。基层工作好不好，哪些方面还有欠缺，是否达到预期效果，党员干部不能靠主观臆断、凭空想象，而是要积极转变作风、放下架子、俯下身子，在自己的工作领域中转换角色，主动深入到田间地头、厂矿机房、社区街道，以及各类新经济组织等最基层，虚心倾听群众心声，"沾泥带土"发现掌握第一手真实情况，有的放矢地加以解决。这样才能践行党的根本宗旨，深入群众、贴近群众、服务群众，把惠民生、暖民心、顺民意的工作做到群众心坎上。

工作成效"成色"足不足，人民群众心里有杆秤。开展主题教育，群众是出卷人、阅卷人，党员干部是答卷人。主题教育要注重实效、解决问题，就是要答好这张考卷。群众难满意的工作，大都是难啃的"硬骨头"，也是工作中容易存在问题的薄弱环节。领导干部要主动到困难多、群众意见集中、工作打不开局面的地方去，紧盯群众反映强烈、长期没有解决的问题，聚焦平时工作中最担心、最怕出事的问题。还要善于抓住典型案例，在"解剖麻雀"中以小见大、刀刃向内分析问题、举一反三解决问题，通过"解剖一个问题"、"解决一个问题"推动"解决一类问题"，同时"咬住"难题不放，坚持一抓到底、不解决不罢休。

要让人民群众满意，党员干部就要坚持人民至上，持续强化全心全意为人民服务的宗旨意识。牢固树立以人民为中心的发展思想，坚持严实作风，力戒形式主义、官僚主义，真抓实干、担当作为，不做表面文章、不搞花样翻新，实实在在办好惠民利民实事，用实干推动发展，切实增强人民群众获得感、幸福感、安全感。第二批主题教育期间，要更加注重开门搞教育，扩大群众参与，接受群众监督，邀请群众评价，对群众不满意的及时"返工""补课"，力求取得更多扎实成效，向群众交出一份合格答卷。

（新华社记者　王亚宏、高健钧）

多在实效上用功，少在形式上费劲

基层采访，有群众说起一条曾经修了8年都没能修通的路的故事。有关部门经常四处悬挂标语——“办好民生实事”，结果“标语都已经褪色了实事还不见动静”。立项时热热闹闹、推动时冷冷清清，这样的反差背后，形式主义、官僚主义问题是重要原因之一。当前第二批学习贯彻习近平新时代中国特色社会主义思想主题教育正在开展，要以此为契机，大力倡导严实作风，真抓实干、担当作为，多在实效上用功，少在形式上费劲。

主题教育从第一批转入第二批，是一场接力赛，要做好衔接联动。特别是第二批主题教育单位大多处在改革发展稳定第一线，各种问题相互交织，人民群众感受最直接、最深切，期待比较具体多样，更需要坚持目标导向和问题导向相统一，锚定改革发展稳定的重点任务，注重做好结合文章。

要在推动干事创业上下功夫，以务求实效、解决实际问题为目标。广大党员、干部受教育的成果，要切实转化为群众得实惠，就是要做到始终坚持人民至上、为人民服务，围绕补短板、防风险、通堵点，聚焦群众的所思所想、所忧所盼，尤其围绕就业、教育、医疗、托育、住房、养老等重点社会关切，实打实地研究，提出思路办法和政策举措，不能“口号喊得震天响，落实起来轻飘飘”。

要在强化检视整改上下功夫，以深入剖析、全面改出实效为导向。务必聚焦影响制约高质量发展、群众反映强烈且长期没有解决、防范化解重大风险隐患等问题，深刻检视剖析、深挖思想根源、深入整改落实。一方面，要广开言路、畅通渠道，综合各方面发现和反馈的问题，形成全面、准确、有分量的问题清单，采取动态管理、滚动销号的方式进行整改；另一方面，对一些地方存在的大肆举债、大干快上搞"半拉子工程""形象工程""面子工程"，以及统计造假搞"虚假政绩"和基层治理不良现象等问题也要开展专项整治。

干部干部，就要干字当头、干在实处。多在实效上用功，少在形式上费劲，要选准载体，找好"突破口"。时下一些地方通过开展"立足岗位作贡献""学习身边榜样"等活动，引导党员、干部在推动发展、基层治理、服务群众中主动作为、担当有为，取得了实实在在的成效，树立了崇尚实干、勇于担当的导向，值得倡导。

"知者行之始，行者知之成。"在党中央坚强领导下，第一批主题教育在以学铸魂、以学增智、以学正风、以学促干上取得明显成效。第二批主题教育期间，只要广大党员、干部力戒形式主义、官僚主义，在注重实效、提高质量上下功夫，不做表面文章、不搞花样翻新，把工作抓实、基础打实、步子迈实，就一定能取得更多扎实成效，向群众交出一份合格"答卷"。

（新华社记者　梁建强）

对未啃掉的硬骨头要紧盯不放

第二批学习贯彻习近平新时代中国特色社会主义思想主题教育正在省以下各级机关及其直属单位和其他基层党组织开展。根据党中央要求，在第二批主题教育中要注重解决实际问题，特别是对还未啃掉的硬骨头和尚未解决的难点问题，要紧盯不放，持续深化靶向治疗，坚持一抓到底，不解决不罢休。

对未啃掉的硬骨头要紧盯不放，这是以习近平同志为核心的党中央一以贯之倡导力行的工作作风。至今未能啃掉的硬骨头，就其本质而言，是改革进入深水区后浮现出来的制约高质量发展的体制机制障碍。“犯其至难而图其至远”，只有对硬骨头紧盯不放、一抓到底，才能扫除高质量发展的“拦路虎”，扫清这些体制机制障碍。

扫清障碍，事在人为。未啃掉的硬骨头往往就是老百姓急难愁盼的老大难问题，事关群众切身利益。人民群众满意不满意，是评判主题教育成效的根本标准。各级领导干部要践行好“民之所忧，我必念之，民之所盼，我必行之”的要求。只有对硬骨头紧盯不放、一抓到底，才能践行党的群众路线，让人民群众得到真正实惠。

紧盯不放，最考验政绩观和大局观。毋庸讳言，硬骨头往往自带“冰冻三尺非一日之寒”的属性，和历史遗留问题交叉叠加。对此，职能部门和领导干部要树立“新官要理旧账、新官善理旧账”的正确理念，牢固树立正确的政绩观，把盯硬骨头、啃硬骨头作为打基础、利长远、出实招、创实绩的工作来做。

紧盯不放，最能体现干事创业的水平。职能部门和领导干部要大兴调查研究，把“深、实、细、准、效”五字诀学好用好，问需于民，问计于民，运用习近平新时代中国特色社会主义思想的立场观点方法进行分析研判，从而形成破解难题的思路措施，不但要消除顽瘴痼疾，还要建立机制防止旧病复发。

紧盯不放，最需要形成解决问题的合力。有的硬骨头属于“表现在基层，根子在上面”的问题，这就需要上下级部门上下联动，处理好顶层设计与实践探索的关系。还有的硬骨头属于“一果多因”，就需要相关部门横向联动、各司其职、互为补充。只有直面问题、齐抓共管，才能一抓到底，解决问题。

学思想、强党性、重实践、建新功，这是主题教育的总要求，而未啃掉的硬骨头就是摆在各地各部门和领导干部面前的一张试卷。“志不求易者成，事不避难者进”，各地各部门和领导干部要充分认识到啃硬骨头的重要性和艰巨性，认真答卷，让干部受教育，让群众得实惠。

（新华社记者　冯源）

把“当下改”和“长久立”结合起来

深入开展学习贯彻习近平新时代中国特色社会主义思想主题教育，要坚持“当下改”与“长久立”相结合，既解决问题又建章立制，以新气象新作为推动高质量发展取得新成效，对主题教育中学习贯彻习近平新时代中国特色社会主义思想的好做法好经验，及时以制度形式固定下来。同时，建立巩固深化主题教育成果的长效机制，健全学习贯彻党的创新理论的制度机制，确保常态长效。

敢于直面问题、勇于修正错误是我们党的显著特点和优势。主题教育要坚持问题导向，带着问题学、奔着问题去、对着问题改，解决真问题、真解决问题，把检视整改、建章立制贯穿始终。各级党组织和广大党员、干部要坚持边学习、边对照、边检视、边整改，把问题整改贯穿主题教育始终，让人民群众切实感受到解决问题的实际成效；要发扬刀刃向内的自我革命精神，坚持分类整改与集中整治相结合，深入查摆不足，列出问题清单，抓好突出问题的整改整治，确保取得实际成效。

深入开展主题教育，要对标对表习近平新时代中国特色社会主义思想和党中央重大决策部署，系统梳理调研发现的问题、推动发展遇到的问题、群众反映强烈的问题，结合巡视巡察、审计监督发现的问题，逐条列出问题清单；推动把学、查、改有机贯通起来，全面查找自身不足和工作偏差，从一开始就改起来，能改的马上改，一时解决不了的要明确具体措施、整改时限、责任分工，确保整改到位；各地区、各部门、各单位要确定若干群众反映强烈、长期没有解决的突出问题，制定专项整治方案，采取台账式管理、项目化推进的方式进行集中整治，动真碰硬、务求实效，防止大而化之、避重就轻、避实就虚，防止做表面文章、搞数字整改甚至弄虚作假；要把“当下改”与“长久立”结合起来，做好完善机制、建章立制的工作，防止问题反弹。

推动高质量发展是主题教育的重要着力点。“当下改”与“长久立”有机统一于推动高质量发展取得新成效。要通过深入开展主题教育认真贯彻落实党中央关于贯彻新发展理念、构建新发展格局、推动高质量发展的一系列决策部署，结合实际拿出具体措施；要引导党员、干部打破思维定式，转变思想观念，厘清影响和制约高质量发展的问题短板及其根源，开展“靶向治疗”；推动办实事、解民忧，积极开展“民呼我为”“接诉即办”等，着力解决民生领域突出问题；促使党员、干部树牢正确的权力观、政绩观、事业观，发扬“功成不必在我、功成必定有我”的精神，一张蓝图绘到底，一茬接着一茬干，防止换届后容易出现的政绩冲动、盲目蛮干、大干快上以及“换赛道”“留痕迹”等现象。

（新华社记者　齐雷杰）

“面子工程”必须下马

当前，全党正在深入开展学习贯彻习近平新时代中国特色社会主义思想主题教育。政绩为谁而树、树什么样的政绩、靠什么树政绩，是摆在党员干部面前的现实考题，也是开展理论学习、调查研究、推动发展、检视整改的重要内容。必须遏制因政绩观错位、权力观扭曲而导致的“面子工程”成为共识。

一些浮夸作秀、劳民伤财的“面子工程”花样繁多，屡禁不止，群众深恶痛绝。“面子工程”虚耗财力、人力、物力，挤占本该用于民生改善的宝贵资源，甚至使一些地方掏空“家底”，背上沉重的债务包袱，错失发展良机。“面子工程”还助长浮夸作假、铺张浪费等不良风气，损害党政形象和公信力，恶化地方政治生态，危害党的执政根基。有的“面子工程”沦为“半拉子工程”“问题工程”，最终丢了面子、毁了形象。

“面子工程”无视地方客观情况，漠视群众实际需求，危害不容小觑，其根源在于个别领导干部宗旨意识淡薄，政绩观扭曲错位。有的干部干工作“不怕群众不满意，就怕领导不注意”，热衷于干花活、出风头，沽名钓誉。有的干部喜欢搞花钱多、场面大的“形象工程”，以此作为标榜政绩和仕途攀升的资本。有的干部盲目贪大求快、好大喜功，习惯于“堆盆景”“造光环”，以此彰显自身能力，从而在领导面前赢得“面子”，铺就升迁之路。

金杯银杯不如老百姓的口碑，金奖银奖不如老百姓的夸奖。搞“面子工程”的实质是政绩观错位和权力滥用，这种干部背离了党性、丢掉了宗旨、抛弃了信念，淡忘了初心使命，触碰了纪律红线，与党中央要求格格不入。

树立和践行正确政绩观，起决定性作用的是党性。只有党性坚强、摒弃私心杂念，才能保证政绩观不出偏差。领导干部要坚持不懈用习近平新时代中国特色社会主义思想凝心铸魂，强化党性锤炼，坚定理想信念，把为民造福作为最重要的政绩，把为老百姓办了多少好事实事作为检验政绩的重要标准。要牢记初心使命，坚持人民至上，切实解决好人民群众的急难愁盼，把好事实事做到群众心坎上。要有“功成不必在我、功成必定有我”的境界，胸怀国之大者，多打大算盘、算大账，多做一些功在当代、利在长远、惠及子孙的事情。

在主题教育中，整治、遏制“面子工程”要把“当下改”和“长久立”相结合，查改并重、标本兼治，从源头上杜绝“面子工程”。广大党员干部要把习近平新时代中国特色社会主义思想转化为坚定理想、锤炼党性和指导实践、推动工作的强大力量，切实把树立正确政绩观的要求贯穿到主题教育各项举措中，牢固树立和践行正确政绩观，把对党忠诚、为党分忧、为党尽职、为民造福作为根本政治担当，真正做到重实际、说实话、办实事、求实效，为强国建设、民族复兴贡献力量。

（新华社记者　齐雷杰）

“为官不言”不是个好作风

“不喊号子不拉纤，卷起袖子一边看。”时下，部分党员、干部在推动工作时“不愿说”“不会说”“不敢说”，遇到问题绕着走、碰到难题往后拖，引起群众不满。正值全党深入开展学习贯彻习近平新时代中国特色社会主义思想主题教育之际，要着力破解“为官不言”等现象背后的真问题，切实推动全党积极担当作为，不断开创事业发展新局面。

“不愿说”背后，往往是懒政、怠政思想作祟。少数党员、干部信奉“沉默是金”“事不关己，高高挂起”，热衷当“太平官”，不想干事、不愿担责，在开展工作时不愿提出建设性意见，时常推诿拖延，或是为了不出事宁愿不揽事，“揣着明白装糊涂”，明哲保身、得过且过。这次主题教育，要教育引导广大党员、干部突出问题导向，打扫政治灰尘，纠正行为偏差，解决好推、拖、绕以及庸、懒、慢等方面的突出问题。

“不会说”背后，往往是做群众工作本领匮乏。有的党员、干部存在长时间疏远群众、脱离群众问题，“跑上面多、跑基层少、与群众远”。在基层一线直接面对群众时，不会做群众工作，同群众搭不上话、坐不到一条板凳上去。当前，群众工作对象更加多元、群众诉求更加多样、群众工作环境更加复杂，这就要求广大党员、干部切实以主题教育为契机，深入研究和准确把握新形势下群众工作的特点和规律，改进群众工作方法，提高群众工作水平，不断提高服务群众本领、防范化解风险本领。

“不敢说”背后，往往是缺乏担当精神。一些党员、干部在开展工作时回避矛盾，不敢动真碰硬，有风险的不敢干、有难度的不愿干、没先例的不肯干，在发表意见时含含糊糊、不敢表态，在承担工作时瞻前顾后、畏首畏尾。

无论是“不愿说”还是“不会说”，抑或“不敢说”，这样的“为官不言”都不是好作风。类似问题尽管只存在于少数党员、干部身上，但任其发展，就会损害党的形象、贻误党的事业，必须认真加以解决。

破解好“为官不言”作风背后的真问题，需要对症下药、综合施治，让广大党员、干部在主题教育中真正学思想、见行动，树立正确的权力观、政绩观、事业观，增强责任感和使命感，提振锐意进取、担当有为的精气神。

与此同时，也应采取有效措施，着力消除影响干部担当作为的各种消极因素，为担当者担当、为负责者负责、为干事者撑腰，让愿担当、敢担当、善担当蔚然成风。

“为学之实，固在践履。”广大党员、干部要贯彻好这次主题教育“学思想、强党性、重实践、建新功”的总要求，不断从习近平新时代中国特色社会主义思想中汲取奋发进取的智慧和力量，熟练掌握其中蕴含的领导方法、思想方法、工作方法，不断提高履职尽责的能力和水平，凝心聚力促发展，驰而不息抓落实，立足岗位作贡献，力争创造出更多经得起历史和人民检验的实绩。

（新华社记者　梁建强）

切勿“压实”到会议里、“落实”到文件中

“不怕苦、不怕累，就怕无尽无休开滥会；愿冲锋、愿陷阵，不愿没完没了唱空文。”记者近日在基层采访时听到这则顺口溜，不少干部群众对会风、文风中仍存的形式主义痛心疾首。当前在全党深入开展的学习贯彻习近平新时代中国特色社会主义思想主题教育要求“把纠治形式主义、官僚主义摆在更加突出的位置”，针对以会议贯彻会议、以文件落实文件的歪风痼疾，有必要再加大气力狠治。

会议是沟通意见、形成决策的有效方式，文件是下达政令、处理公务的重要手段。关键问题不是会长会短、文多文少，而是有没有推动工作进展、解决实际问题。开会、发文是手段不是目的，不可本末倒置。工作没取得实效，问题没得到解决，开再多的会，发再多的文，都是无用功。干部累得够呛，还给群众留下不办实事的坏印象。

从中央八项规定提出精简会议活动和文件简报，到把“单纯以会议贯彻会议、以文件落实文件”列入《中国共产党纪律处分条例》的禁止性条文，再到为基层减负严格控制层层发文、层层开会……近些年，我们党出台一系列举措，大力破除会风、文风中的形式主义，让基层干部摆脱束缚、放开手脚，激发了担当作为的内生动力。但是会风、文风中的形式主义积弊非一日之寒，有时还会冒出新变种、新苗头，解决起来也非一日之功。

会风、文风中的形式主义背后是功利主义、实用主义作祟，政绩观错位、责任心缺失。有的急于向上表态，但凡上级会议要求，顾不上消化吸收，一

律先开会传达，事不过夜表决心，满嘴空话讲落实。有的向下推责，脑子里满是“开会就是重视、发文即为落实”那套逻辑，至于基层怎样落实，效果具体如何，都与己无关，日后督查追责起来，但求有会议和文件护身。有的甘于当和尚撞钟，把上级部门开过的会重开一遍，把上级部门的文件重读一遍，把上级领导的讲话复述一遍，觉得做“传声筒、复读机”最保险，既不想出彩也不想出错。

空谈误国，实干兴邦。党员干部要把心思放在解决实际问题上，多到人民群众需要的地方去，把情况搞清楚，把症结分析透，把对策想明白，出实招、办实事、求实效。上级部门在检查工作时，也不能简单以开过多少会、发过多少文来定性干部对工作的重视程度，去评判地方工作的好坏；应具体看工作实绩，看人民群众得到多少实惠。与此同时，还要完善科学规范的干部考核评价体系，形成激励干部求真务实的有效机制，使真干事的干部不吃亏、受重用，决不让那些做样子、混日子的“官油子”得势得利。

会风、文风连着党风、政风。以开展主题教育为契机，积极落实“重实践”要求，以学促干，匡正干的导向，增强干的动力，树立起真抓实干的正气，党员干部才能以自己的“辛苦指数”提升老百姓的“满意指数”。

（新华社记者　刘怀丕、翟濯）

干部要有铁肩膀、真把式

“心中有责，手里有活，脸上才有光。”记者近日在农村基层采访时，碰到一起农民自建房屋占用农田的事件，县里带队的一位干部坚持原则、顶住压力，依法依规拆除了违建房屋，同时走村入户，耐心细致地做通群众思想工作。说起整治农村违建等“老大难”问题，这位干部有感而发，说出了这句让人深思的干事心得。

志不求易者成，事不避难者进。全党深入开展学习贯彻习近平新时代中国特色社会主义思想主题教育以来，广大党员干部积极践行“重实践”要求，鼓足干事创业的精气神，以学促干，攻坚克难，有力推动了事业发展。“为官避事平生耻”，就像那位基层干部所说，越是错综复杂的局面，越是急难险重的任务，广大党员特别是各级领导干部，越要以身作则、以上率下，在履职尽责、苦干实干中锤炼共产党员的政治本色，在发现问题、直面问题、解决问题中赢得百姓口碑。

干部干部，“干”字当头。练就敢于担当、实干尽责的铁肩膀，是党员干部的基本功。“光说不练假把式”“软肩膀扛不起硬担子”，检验一个地方主题教育的成效和成色，要看各级党员干部干事创业的实绩实效。是辛勤耕耘还是靠天吃饭，是站着说话还是起而行之，是动真碰硬还是虚与委蛇，决定了事业成败，也影响着政治生态。党风决定政风、带动社风，要大力倡导恪尽职守、担当作为，迎难而上、敢于斗争的状态和作风，严肃整治拈轻怕重、躺平甩锅、敷衍塞责、得过且过等消极现象。

“刀在石上磨，人在事上练。”从“国之大者”到“民之关切”，不管是办大事还是干小事，都离不开担当作为的自觉和干劲。到群众中间去，到基层一线去，到条件艰苦、矛盾多发的地方去，更容易找到办法、增长才干。习惯在办公室看材料，坐等上级指示办事，遇到“疑难杂症”绕道走，不善于和群众打交道，稍遇挫折就打退堂鼓……凡此种种，无论是能力不足不善为、动力不足不想为，还是担当不足不敢为，都应当改进提升。大事难事看担当，只有以造福百姓为荣，以解决难题为乐，才能创造不负时代、不负人民的新业绩。

大兴调查研究，激励干部到基层去，细化落实容错机制……主题教育开展以来，从中央到地方不断探索完善担当作为激励和保护机制，持续强化想干事、能干事、干成事的氛围，“能者上、庸者下、劣者汰”的选人用人导向愈发鲜明，“太平官”“甩手掌柜”“只挂帅不出征”等消极现象越来越没有市场。一个地方政治生态好、干事创业氛围浓，党员干部就成长快、老百姓就收获多。为担当者担当，为负责者负责，为干事者撑腰，这样才能不断匡正干的导向、增强干的动力、形成干的合力。

（新华社记者　涂洪长）

两手抓、两促进，防止“两张皮”

当前，第二批学习贯彻习近平新时代中国特色社会主义思想主题教育全面启动、有序开展。开展第二批主题教育，要充分借鉴运用第一批主题教育成功经验，坚持目标导向和问题导向相统一，一开始就锚定改革发展稳定的重要任务，注重做好结合文章，切实做到教育实践两手抓、两促进，防止“两张皮”，推动党员、干部将焕发出来的学习、工作热情转化为攻坚克难、干事创业的强大动力。

第二批主题教育单位大多数处在改革发展稳定第一线，能否切实做到教育实践两手抓、两促进，直接关系主题教育实际成效。在第二批主题教育中，党员领导干部要坚持干什么学什么，紧扣职能职责，结合工作实际，认真学习习近平总书记关于本地区、本部门、本领域重要讲话和重要指示精神。聚焦最突出最迫切的问题做好调研，运用习近平新时代中国特色社会主义思想的立场观点方法对调研情况进行分析研判，真正把调研成果转化为改进工作、推动发展的实际举措。

为学之实，固在践履。在第二批主题教育中，要坚决防止学用脱节，把解决实际问题作为学习的着眼点、落脚点。要围绕推动党的二十大精神落地见效，推动中国式现代化建设，不折不扣贯彻落实党中央重大决策部署，特别是关于做好下半年经济工作的部署要求，把主题教育成果体现到高质量发展的成效上、体现到促进中心工作上。坚持边实践边总结，对结合中心工作推进主题教育各项措施落实见效的好做法好经验，及时以制度形式固定下来，建立健全行得通、做得实、长期管用的制度机制。

切实做到教育实践两手抓、两促进，防止"两张皮"，需广大党员领导干部立足职能职责和当前正在做的事情，时时对照习近平新时代中国特色社会主义思想，对照党章党规党纪，对照群众提出的意见建议，从政治觉悟、党员意识、为民服务、遵规守纪、道德操守、作用发挥等方面进行党性分析，深入查找自身存在的问题和差距，做到逐项整改。确保凝心铸魂明知促行取得新成效，政治生态呈现出新气象，高质量发展取得新进步，人民群众获得感、幸福感、安全感有新增强。

第二批主题教育横跨岁末年初，全年工作收官和新一年工作开局任务繁重，工作头绪多，必须加强统筹协调，使主题教育开展和中心工作有机融合高效互动。只要主题教育做到学以致用、用以促学、学用相长，就能有力推动全党始终保持统一的思想、坚定的意志、协调的行动、强大的战斗力，为强国建设、民族复兴汇聚磅礴力量。

（新华社记者　刘怀丕、翟濯）

延伸阅读：

筑牢理想信念根基树立践行正确政绩观 在新时代新征程上留下无悔的奋斗足迹

——习近平在中央党校（国家行政学院）中青年干部培训班开班式上发表重要讲话强调

2022年春季学期中央党校（国家行政学院）中青年干部培训班3月1日上午在中央党校开班。中共中央总书记、国家主席、中央军委主席习近平在开班式上发表重要讲话强调，年轻干部是党和国家事业发展的希望，必须筑牢理想信念根基，守住拒腐防变防线，树立和践行正确政绩观，练就过硬本领，发扬担当和斗争精神，贯彻党的群众路线，锤炼对党忠诚的政治品格，树立不负人民的家国情怀，追求高尚纯粹的思想境界，为党和人民事业拼搏奉献，在新时代新征程上留下无悔的奋斗足迹。

中共中央政治局常委、中央书记处书记王沪宁出席开班式。

习近平强调，理想信念是立党兴党之基，也是党员干部安身立命之本。年轻干部接好班，最重要的是接好坚持马克思主义信仰、为共产主义远大理想和中国特色社会主义共同理想而奋斗的班。党员干部只有胸怀天下、志存高远，不忘初心使命，把人生理想融入党和人民事业之中，把为人民幸福而奋斗作为自己最大的幸福，才能拥有高尚的、充实的人生。坚定理想信念，必先知之而后信之，信之而后行之。坚定理想信念不是一阵子而是一辈子的事，要常修常炼、常悟常进，无论顺境逆境都坚贞不渝，经得起大浪淘沙的考验。

习近平指出，年轻干部必须牢记清廉是福、贪欲是祸的道理，经常对照党的理论和路线方针政策、对照党章党规党纪、对照初心使命，看清一些事情该不该做、能不能干，时刻自重自省，严守纪法规矩。守住拒腐防变防线，最紧要的是守住内心，从小事小节上守起，正心明道、怀德自重，勤掸"思想尘"、多思"贪欲害"、常破"心中贼"，以内无妄思保证外无妄动。

习近平强调，干部守住守牢拒腐防变防线，要层层设防、处处设防。要守住政治关，时刻绷紧旗帜鲜明讲政治这根弦，在大是大非面前、在政治原则问题上做到头脑特别清醒、立场特别坚定，决不当两面派、做两面人，决不拿党的原则做交易。要守住权力关，始终保持对权力的敬畏感，坚持公正用权、依法用权、为民用权、廉洁用权。要守住交往关，交往必须有原则、有规矩，不断净化社交圈、生活圈、朋友圈。要守住生活关，培养健康情趣，崇尚简朴生活，保持共产党人本色。要守住亲情关，严格家教家风，既要自己以身作则，又要对亲属子女看得紧一点、管得勤一点。

习近平指出，树立和践行正确政绩观，起决定性作用的是党性。只有党性坚强、摒弃私心杂念，才能保证政绩观不出偏差。共产党人必须牢记，为民造福是最大政绩。我们谋划推进工作，一定要坚持全心全意为人民服务的根本宗旨，坚持以人民为中心的发展思想，坚持发展为了人民、发展依靠人民、发展成果由人民共享，把好事实事做到群众心坎上。什么是好事实事，要从群众切身需要来考量，不能主观臆断，不能简单化、片面化。哪里有人民需要，哪里就能做出好事实事，哪里就能创造业绩。业绩好不好，要看群众实际感受，由群众来评判。有些事情是不是好事实事，不能只看群众眼前的需求，还要看是否会有后遗症，是否会"解决一个问题，留下十个遗憾"。

习近平强调，实现第二个百年奋斗目标，我们要坚持党的基本路线，坚持以经济建设为中心，但在新形势下发展不能穿新鞋走老路，必须完整、准确、全面贯彻新发展理念，加快构建新发展格局，推动高质量发展。业绩都是干出来的，真干才能真出业绩、出真业绩。面对新形势新任务，党员干部一定要真抓实干，务实功、出实招、求实效，善作善成，坚决杜绝口号式、表态式、包装式落实的做法。对当务之急，要立说立行、紧抓快办，不能慢慢吞吞、拖拖拉拉。对长期任务，要保持战略定力和耐心，坚持一张蓝图绘到底，滴水穿石，久久为功。要强化精准思维，做到谋划时统揽大局、操作中细致精当，以绣花功夫把工作做扎实、做到位。

习近平指出，年轻干部要胜任领导工作，需要掌握的本领是很多的。最根本的本领是理论素养。马克思主义立场、观点、方法是做好工作的看家本领，是指导我们认识世界、改造世界的强大思想武器。党员干部一定要加强理论学习、厚实理论功底，自觉用新时代党的创新理论观察新形势、研究新情况、解决新问题，使各项工作朝着正确方向、按照客观规律推进。要坚持理论和实践相结合，注重在实践中学真知、悟真谛，加强磨练、增长本领。关键是要虚心用心，甘当“小学生”，不懂就问、不耻下问，切忌主观臆断、不懂装懂。

习近平强调，只有全党继续发扬担当和斗争精神，才能实现中华民族伟大复兴的宏伟目标。担当和斗争是一种精神，最需要的是无私的品格和无畏的勇气。无私者无畏，无畏者才能担当、能斗争。担当和斗争是一种责任，敢于负责才叫真担当、真斗争。党员干部特别是领导干部要发扬历史主动精神，在机遇面前主动出击，不犹豫、不观望；在困难面前迎难而上，不推诿、不逃避；在风险面前积极应对，不畏缩、不躲闪。担当和斗争是一种格局，坚持局部服从全局、自觉为大局担当更为可贵。要心怀“国之大者”，站在全局和战略的高度想问题、办事情，一切工作都要以贯彻落实党中央决策部署为前提，不能为了局部利益损害全局利益、为了暂时利益损害根本利益和长远利益。

习近平指出，这些年，我们强调必须准备进行具有许多新的历史特点的伟大斗争，正是有了这样的思想准备，我们才能从容应对一系列风险考验。无数事实告诉我们，唯有以狭路相逢勇者胜的气概，敢于斗争、善于斗争，我们才能赢得尊严、赢得主动，切实维护国家主权、安全、发展利益。年轻干部一定要挺起脊梁、冲锋在前，在斗争中经风雨、见世面。

习近平强调，党的十八大以来，我们先后开展一系列集中学习教育，一个重要目的就是教育引导全党牢记中国共产党是什么、要干什么这个根本题，始终保持党同人民的血肉联系。贯彻党的群众路线，首先要对群众有感情，真正把自己当作群众的一员、把群众的事当作自己的事。要深入研究和准确把握新形势下群众工作的特点和规律，改进群众工作方法，提高群众工作水平。信访是送上门来的群众工作，要通过信访渠道摸清群众愿望和诉求，找到工作差距和不足，举一反三，加以改进，更好为群众服务。领导干部要学网、懂网、用网，了解群众所思所愿，收集好想法好建议，积极回应网民关切。要高度关注新业态发展，坚持网上网下结合，做好新就业群体的思想引导和凝聚服务工作。

陈希主持开班式，表示习近平总书记的重要讲话饱含着对年轻干部的殷切期望，为广大年轻干部健康成长指明了努力方向，要深入学习领会，真正内化于心、外化于行；要进一步学懂弄通做实习近平新时代中国特色社会主义思想，深刻领悟“两个确立”的决定性意义，切实转化为坚决做到“两个维护”的高度自觉，转化为奋进新征程、建功新时代的强大动力，埋头苦干、勇毅前行，以实际行动迎接党的二十大胜利召开。

（新华社北京 2022 年 3 月 1 日　略有删减）